心を打つ感動ストーリー88

一日一杯、幸せになるかけそば

株式会社石はら 代表取締役
世田谷蕎麦 石はら 店主
石原 せいじ

まえがき

私、石原せいじが世田谷で「石はら」をオープンしたのが22年前。おかげさまで、今まで営業を続けられています。

近隣の世田谷の皆様をはじめとして、来店いただいた多くのお客様に感謝の気持ちでいっぱいです。そして、世田谷以外のいろいろな地域の方にも「石はら」の味を知っていただきたいと思い、学芸大学店・仙川店・立川店などもオープン。現在では5店舗を展開しています。

そば屋なので、お店に立っていると、お客様にそばのことを聞かれます。

「そばって、なんで『打つ』って言うんですか？」
「そばのうまいまずいって何で決まるの？」
「そばかすってそばと関係があるんですか？」

「昔は、麺の生地を、餅のように木槌で打って、搗《つ》いてつくったから『そばを打つ』って言うんですよ」
「そばの味は、そば粉と水で決まります。お米と一緒ですね」
「そばの実の皮の模様が、そばかすにそっくりなんですよ」

私はお客様と話をするのが大好きなので、いろいろ質問されるとこんな風に、知っていることであればその場で答える、知らなかったら家で調べておいて、また来店されたときにお答えする。そんなことをやっていました。これを10年、20年と続けるうちに、たくさんのそばの雑学が頭にインプットされました。

そばでダイエットができる理由や、そばが肝臓にいいこと。夏目漱石の作品にも、そばが出てくること。店に来る読書家の方によれば、『吾輩は猫である』には、主人公の苦沙弥《くしゃみ》先生の同僚が、そばの食べ方を延々と講釈する話が載っているのだそうですね。

お客様とこんな話をしているうちに、そばは身近な自然食と昔から言われているけれど、もしかしたら、自分が思っているよりももっと、そばは日本人にとって身近なものなのかなという気がしてきました。

また思ったのが、そばというのは、なにかひと言ふた言、うんちくを言いたくなる食べ物なのかもしれないということです。

例えば、新そばの時期、そば好きの方であれば、メニューを見ながらこんな話をしたことがあると思います。

「新そばというのは、秋に採れ立てのそばの実を挽いてつくるそばで、この時期特有のさわやかな香りがするるんだ。そばは時間が勝負でね、時間が経つにつれて、風味も落ちる。だから、秋になると新そばが楽しみなんだ」

そばはこう食べるもんだ、ねぎは白いところがうまい、いや青いところの香りがいい、わさびはすり立てだ、いや時間を置いた方が辛くなるんだ、などなど、皆さん、こだわりをお持ちです。
そば屋は気軽に入れるけれど、そばのことは知れば知るほど、実は奥が深いことがわかってくる。そこで〝うんちく〟なのでしょう。

そばは1万年も前の縄文時代の地層から化石が見つかっているほど、お米よりも早い時期から食べられてきた、日本人のいわばソウルフードです。
冷害でも実をつけることから飢饉のときは日本人の命をつなぎ、江戸時代、将軍様のお膝元の江戸では、今のコンビニ並みにそば屋が営業していたそうです。はるか昔から日本人に愛されてきたそば。そばを知ることは日本を知ることであり、日本人にとっての食を考えることでもあります。

そばをゆでている間に食べるつまみのことを〝そば前〟と呼びます。石はらでは、このそば前にも力を入れていて、各店舗で和食の職人が美味しいおつまみをつくっていますが、この本もそんな、そば前として読んでいただければ、読む前と読んだ後では格段にそばの味が違ってくると思います。

しばし、そばのうんちくをお楽しみいただき、最後のそば湯までおいしく飲み干してください。私のそばのうんちくを入り口に、そばから日本の文化を知り、そばをもっと楽しんでいただければ、手間暇かけて書いた甲斐もあるというものです。

そして、もうひとつのお願いですが、「石はら」のそばを食べ続けてみてください。

何より私自身の体調が良く、健康にいられるのは、「石はら」のそばをはじめとする、いろいろな食べ物へのこだわりのおかげだと思っています。

では、ごゆっくり最後までお楽しみください。

石原せいじ

まえがき……3

第1章 ❖ 江戸時代 そば屋は3760店もあった

1 ❖ 松岡修造の元気の素はそばだった！……18
2 ❖ 日本人は縄文時代からそばを食べていた・・・……20
3 ❖ そばをすする理由は、江戸時代の食卓が低かったから……22
4 ❖ 江戸っ子にそばが大ブレイクした理由……24
5 ❖ 風鈴で客を集めた江戸時代の屋台……26
6 ❖ 大みそかにそばを食べるわけ……28
7 ❖ そばが生まれた場所はどこにある？……30
8 ❖ 続日本紀に初めてそばが登場……32
9 ❖ せいろそばの「せいろ」は何のため？……34
10 ❖ そば屋はなぜ薄暗いのか……36
11 ❖ 赤穂浪士が選んだ最期の食事はそばだった……38

12 ❖ そば屋の2階はあいびき場所だった？……40
13 ❖ そばの御三家とは？「藪」「砂場」「更科」……42
14 ❖ 長寿庵はなぜどこにでもあるの？……44

第2章 ❖ そばに含まれるルチンが血圧を下げる

15 ❖ そばは健康食品……48
16 ❖ 二八そばと十割そばの違いは？……50
17 ❖ そばでダイエットする方法……52
18 ❖ 腸活効果には、やっぱりそば！……54
19 ❖ 江戸時代のそばは脚気の予防だった？……56
20 ❖ そば屋の主人もそばアレルギーになる……58
21 ❖ そば茶、そば湯で病気知らず……60
22 ❖ 二日酔いにはそば……62

23 ❖ 天ぷらそばは完全栄養食……64
24 ❖ そばの新芽「そばスプラウト」の健康効果……66
25 ❖ そばの実の皮で肥満予防?……68
26 ❖ そばがら枕でよく眠れる理由……70
27 ❖ うどんが昆布出汁、そばはカツオ出汁の理由……72

第3章 ❖ 『吾輩は猫である』に登場するそばの話

28 ❖ 『一杯のかけそば』はなぜ100万部売れたのか?……76
29 ❖ そばが登場する落語は『時そば』だけではない……78
30 ❖ 弥次喜多が食べたそばの味……80
31 ❖ そばをテーマにした小説……82
32 ❖ 小林一茶も松尾芭蕉もそばの句を詠んだ……84

33 ❖ 浪曲『夜泣きそば屋の十助』を知っていますか？……86
34 ❖ 立ち食いそばは非合法？ 映画『紅い眼鏡』の世界……88
35 ❖ 『うる星やつら』とそば……90
36 ❖ そばがオシャレな渋谷系だった90年代……92
37 ❖ そば猪口の美学……94
38 ❖ NHK朝ドラ『おひさま』の舞台はそば屋……96
39 ❖ そばのことわざ「蕎麦で首をくくる」の意味は？……98
40 ❖ 平安時代の僧もそばの和歌を詠んでいる……100
41 ❖ 『吾輩は猫である』で見せた迷亭の意地……102
42 ❖ 『美味しんぼ』が教えてくれるそばの真髄……104
43 ❖ 映画に出てくるそば……106
44 ❖ 岡本太郎が愛したへぎそば……108
45 ❖ なぜ日本人は山奥までそばを食べに行くのか？……110

第4章 ❖ 三大そばだけじゃない 日本には無数のそばがある

46 ❖ みんなの知らない、ご当地そばの世界……114
47 ❖ 沖縄そばは、そばなのか？ 論争……116
48 ❖ そばの食べ方、いろいろ料理……118
49 ❖ そばに合うのはそば焼酎……120
50 ❖ そばはヴィーガンにも人気……122
51 ❖ そばの出汁の秘密……124
52 ❖ そばのトッピングいろいろ……126
53 ❖ 新そばの魅力……128
54 ❖ 生そばと乾麺……130
55 ❖ 「ひねそば」を知っていますか？……132
56 ❖ 世界中にあるご当地そば料理……134
57 ❖ 冷麺はそば？……136

58 ❖ 令和版ニューウェーブそば……138
59 ❖ そばの味、生かすも殺すも薬味次第……140
60 ❖ 「しっぽくそば」をご存じですか？……142
61 ❖ 「かえし」のこだわり……144
62 ❖ 鴨南蛮はそば界の大発明……146
63 ❖ 「うちのそばは水だけで食ってくれ」……148
64 ❖ そば屋のカレーがおいしいわけ……150
65 ❖ 「うそば」って何？……152

第5章 ❖ 出前そばで改造したホンダのスーパーカブ

66 ❖ そばかすはなぜ「そば」の「かす」？……156
67 ❖ そばの花言葉は「懐かしい思い出」……158

68 ❖ そばのハチミツはどんな味？……160
69 ❖ そば屋へ婿入りした雷の話……162
70 ❖ 芸能界一のそば好きがつくった究極のそば……164
71 ❖ タモリの、なんちゃってアフリカ音楽『ソバヤ SOBAYA』……166
72 ❖ そば屋とラーメン屋、始めるならどっちが儲かる？……168
73 ❖ そばの前にちょっと一杯、「そば前」の魅力……170
74 ❖ 将軍もそばを食べていた？ そばあれこれ……172
75 ❖ 「一鉢二延し三包丁」、そばの専門用語……174
76 ❖ 現在の出前はピザ、昭和の出前はそば……176
77 ❖ 手打ちと機械打ちは何が違う？……178
78 ❖ なぜそばは「打つ」というのか……180
79 ❖ わんこそばの日本一は？……182
80 ❖ 観光地から始まった駅そばの歴史……184

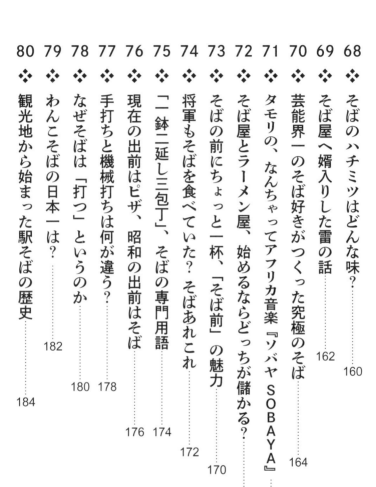

第6章 ❖ 幸せはいつもあなたの「そば」にある

81 ❖ 天職のそば屋になったのは「8割の偶然」……188
82 ❖ 人生は「打ち込む」ことで好転する……190
83 ❖ 開店の日、師匠の恩を痛感……192
84 ❖ なぜ、わが家族はそば屋で働いているのか？……194
85 ❖ 修行先で知った「そばのうまさは水で決まる」……196
86 ❖ お客様に愛されて運送会社で売り上げ全国1位と言われた……198
87 ❖ 「おいしい」が笑顔をつくる……200
88 ❖ 新たなステージへ挑戦を続ける……202
あとがき……204

第1章 ❖ 江戸時代 そば屋は3760店もあった

1 ❖ 松岡修造の元気の素はそばだった！

いつも元気いっぱいの松岡修造さん。さすが元テニスプレイヤーだけあってエネルギーに満ち溢れていますが、実は大のそば好きなんだそうです。あっさりしたおそばであの元気？

〈芸能人にはそば好きが多い〉

松岡さん以外にも、そば好きの芸能人はたくさんいらっしゃいます。

80才近い年齢ながら、いまもテレビで元気なタモリさんもそば好きで有名です。福岡のご出身で、元々はうどん派だったそうですが、東京に出てきてそばのおいしさに驚き、そば好きに。『笑っていいとも！』の司会を務めていた当時は、週に3回4回もそばを食べていたそうです。

人気俳優の中村倫也さんは、最後の晩餐で食べたいものは？と聞かれて、「そば！」と即答するほどのそば好きで、「体の7割はそばでできている」とコメントするほどです。山口もえさんはそば好きが高じて、自分でそばを打つほどのマニアぶり。なぎら健壱さんはそばが好きで、『ずるり！ 立ち食いソバの旅』というDVDを出したほどです。

他にも俳優の高橋克典さんやタレントの石原良純さん、元シブがき隊の薬丸裕英、意外なところで嵐のメンバーもそばが大好きなんだそうです。

〈実は芸能人にピッタリの食べ物！〉

そばというと中高年がゆったりと楽しんだり、反対に立ち食いそばで、さっと済ませる姿を想像します。熱血の松岡さんとは正反対のイメージですが、これが意外とスタミナ食なんです。

そばには疲労回復効果のあるビタミンB群や血管を強くするルチン、穀類の中ではたんぱく質が多いなど栄養豊富なのにカロリーは低く、消化に時間がかかるので腹持ちもいい。あっさり低カロリーながら栄養価に富むそばは、体重制限をしながらハードな撮影をこなす芸能人には、ぴったりの食べ物だったんですね。

幸せはソバにある——好きなことには理由がある

2 ❖ 日本人は縄文時代からそばを食べていた

日本人とそばの関係は古く、なんと縄文時代。遺跡からそばの花粉が見つかり、当時すでにそばを栽培して食べていたことがわかっています。そばは日本人のＤＮＡに組み込まれた民族食なんです。

〈時代で変わるそばの食べ方〉

縄文時代といえば、今から1万年も前です。当時はまだそばを粉にする石臼がなく、米のようにそばの実を炊いて、おかゆのようにして食べていたと考えられています。

弥生時代に入って狩猟から農耕へと食料調達の方法が変わり、米作が普及した後は、米と一緒に炊いていたそうです。

いわゆる銀シャリ、米だけを主食として食べられるようになったのは、江戸時代に入ってからです。長らく庶民はヒエ、アワなどの雑穀と米を一緒に炊いて食べていました。そんな雑穀のひとつがそばだったのです。

〈切ったそばは江戸時代から〉

その後、そば粉をつくる技術が中国から伝わると、そば粉を熱湯で溶いて練って食べる「そばがき」や「そば餅」が一般的になりました。

木の葉型にした「そばがき」をわさび醤油で食べたり、あんこと合わせてデザートにしたり、おいしいそばの食べ方です。お湯があれば食べられるので、昔は夜食に人気だったそうです。現代のインスタント食品のような立ち位置だったのでしょうね。

現在のようにそば粉を練って切り、麺として食べるようになったのは、15～16世紀と言われています。そして江戸時代に入り、爆発的な人気を博します。当時の江戸は人足として集められた単身赴任の男ばかりでした。必然的に外食産業が盛んになり、中でもすぐに食べられるそばは、せっかちな江戸っ子気質とマッチしたのです。

日本人に1万年も愛されてきたそば。その理由は、粒食から粉食へ、粥からそばがき、そば切りへと時代に合わせて柔軟に姿を変えてきたからなのでしょう。

幸せはソバにある――長く愛される理由は時代に合わせる適応力にあり

3 ❖ そばをすする理由は、江戸時代の食卓が低かったから

そばは噛むのではなくすするのがマナー。音を立てて、一気にすすり込むのが粋だとされています。麺をすするのは日本独自の文化ですが、その始まりはどうやら食卓が低かったためらしいのです。

〔座って食べるために、そばをすする？〕

今の時代、食卓を囲んで椅子に腰かけて食事をするのが当たり前ですが、江戸時代は滅多に腰掛けることはありませんでした。畳や板間で座って食べていました。そして食卓をみんなで囲むのではなく、一人ひとりが膳という小さな台に料理を乗せて食事しました。今も料亭や旅館などでは残っている食事の仕方ですね。

こうした食べ方は外食でも変わりません。居酒屋や食堂では、座敷に座るか長椅子や小上がりに腰かけ、膳ではなくお盆に載せた料理をつまむスタイルでした。どちらも今よりもずっと低い位置に、食事が置かれたわけです。床に置かれた盆に乗ったそばを食べようとすれば、どうしてもすするしかないですよね。

〈すすることで風味が引き立つ〉

このすする食べ方には、意外な効果がありました。

そばの繊細な芳香や、つゆに使われるカツオの風味が、すすることで口の中で空気と交じり合い、もぐもぐと食べるよりもずっと引き立つのです。

食べ物の香りが口の中に広がると、喉の奥にある孔から鼻へと抜けて香りを感じます。これは口中香と呼ばれ、他の動物にはない、人に特有の機能と考えられています。人は鼻だけではなく、口の中でも香りを感じるのです。しかも脳波を調べると、鼻で嗅ぐときと口中香では、反応する部分が違うそうです。鼻で嗅ぐのが匂いなら、口中香はあと味の香り、まさに風味なのです。

また当時のそばつゆは今よりもずっと濃く、しょっぱかったので、ちょっとだけそばにつけてすすると、塩味とうま味のバランスがちょうどよく食べることができたそうです。まさに一石二鳥、すすることは理にかなったおいしい食べ方だったのです。

幸せはソバにある――思わぬ副産物で一挙両得

4 ❖ 江戸っ子にそばが大ブレイクした理由

江戸時代、江戸ではそば屋が大繁盛。江戸後期の風俗を書き記された『守貞謾稿《もりさだまんこう》』によると、なんと3760店。現在の東京は江戸の10倍の人口ですが、そば屋は4091店（2020年度）でした。

〈男ばかりで外食文化に〉

なぜ江戸にそれほどそば屋が多かったのでしょうか。徳川家が1603年に江戸幕府を開くまで、江戸は湿地帯が広がる寒村ばかりのひなびた土地でした。そこで徳川家は後に天下普請と呼ばれる大事業を始めます。

全国の大名にお触れを出して、人足と金銭を供出させ、低湿地帯を埋め立てると人工的に市街地をつくり出したのです。

集められた人足は男たちだったため、江戸は男ばかりが単身で住む町となりました。江戸初期から中期の男女比は4対1だったと言われています（江戸末期には性比は1対1に近づきます）。炊事が苦手な男たちは外食ばかりで、一膳めし屋などそうした単身者を客にする飲食店が増えて行きます。２６０年間の江戸時代を通じて、江戸には外食文化が定着したのです。

〈そば屋が江戸に多かったわけ〉

「東のそば西のうどん」と言われますが、江戸でそばがよく食べられたのは、江戸初期はまだ、小麦がろくにとれないほど土地がやせていたためです。荒れ地でも育ち、収穫まで65～75日のそばは、そんな江戸にぴったりの穀物だったのです。

当時の食事は朝と夜の2回でしたが、肉体労働なので小腹が空きます。**調理時間が短く、つるつるとすぐに食べられるそばは、仕事の合間にさっと食べられ、せっかちな江戸っ子気質にも合いました。**

そば切りが登場し、そば屋が増えるにつれ、生地を切りやすく適当にゆでても麺がブツブツと切れないように小麦粉をつなぎに入れた二八そばが流行ります。そして、やがて労働者の食べ物だったそばは武士階級にも広がっていったのです。

幸せはソバにある――いつの時代もうまい、早い、安い店は流行る

5 ❖ 風鈴で客を集めた江戸時代の屋台

もうすっかりなくなった、豆腐屋さんが「パープー」と吹くラッパの音、石焼き芋屋さんが独特の節回しで、「いしや〜きいも〜おいも」の呼び声。屋台はそれぞれ売り物で客の呼び声が違っていました。江戸時代、そばの屋台は風鈴で人を集めたそうです。

〈風流な風鈴の音色が選ばれたわけ〉

江戸時代、そばは店だけではなく屋台でも売られていました。そばの屋台が出るのは深夜。夜鷹相手に、屋台を引いていたのです。夜鷹相手に始まった夜鳴きそばでしたが、岡場所（遊女のいる遊郭界隈）でも夜中にそばを売るようになります。

夜鷹相手の屋台とはひと味違うのだと風鈴で呼び込みを始めたのが始まりで、12時を回った深夜に大きな呼び声も迷惑だったのでしょう。涼やかな風鈴の音色はちょうどいい呼び込みだったのです。

「風鈴そば」と呼ばれ、屋台に結びつけられた季節外れ（そばの屋台が出るのは秋から冬の寒い季節でした）の風鈴の音が聞こえると、小腹の空いた遊女や酒に飽きた酔客が声を掛けて屋台を止め、そばをすすりました。

〈ちょっと値段がお高めだった風鈴そば〉

屋台には七輪に鍋釜が備えられ、かけそばが売られていました。リヤカーのように引くならともかく、人がひとりで担いで運ぶ屋台で、熱いそばが売られていたのですから驚きです。

江戸初期はまだ醤油が量産できず、垂れ味噌（溶いた味噌を煮詰めて漉《こ》したもの）に削ったかつお節を加えて煮たものが使われていたそうです。料理に使うタレの語源は垂れ味噌のタレだとのこと。他にも大根の絞り汁と出汁汁を合わせたり、煮切った酒に梅干しやかつお節を加えた煎り酒が使われていました。

享保年間（１７１６～１７３６年）に入ると醤油が普及し、現在と変わらないそばつゆが出されるようになります。夜鷹相手のそばはかけそばのみでしたが、風鈴そばはワンランク上。かまぼこを乗せた種物も出されていました。

幸せはソバにある――お客さん集めはＴＰＯに合わせて

6 ❖ 大みそかにそばを食べるわけ

いつもはそばを食べない人も、大みそかには年越しそばを食べると思います。なぜ大みそかにそばを食べる風習が根付いたのでしょうか？　おせち料理のように、まめまめしく働くで黒豆、腰が曲がるまで長生きで海老といった縁起担ぎ？

〈年越しそばの発祥は博多だった〉

鎌倉時代に中国から日本に渡ってきた貿易商人の謝国明《しゃこくめい》は敬虔な人物で、禅寺である福岡県福岡市博多区の臨済宗承天寺《じょうてんじ》の建立に尽力した人物です。ある年の年末、謝国明は承天寺に貧乏な人たちを集め、そば粉でつくったお粥を振る舞いました。それから博多では、大みそかにそば粥を食べて、新年を迎えるようになったそうです。やがてそば切りが広がると、大みそかに食べるそばを運そば（年越しそばと呼ばれ始めるのは、明治時代からです）と呼ぶようになり、全国に広がっていきます。

大みそかに食べる年越しそばは、幸運のそばだったんですね。博多では今でも大みそかには「運そば」の名前で年越しそばが売られています。

やわらかい生地とあごだしの博多うどんで知られる博多で、年越しそばが誕生したというのも不思議な話ですね。現在でも謝国明は大楠様（亡くなったときに墓にクスノキを植えたため）と呼ばれ、地元では愛されています。

〈縁起物として知られるように〉

全国に広がるうちに、年越しそばにはその時々で縁起が付け加えられていきます。一番有名なのは、「そばのように長く生きましょう」という長寿のお願いですね。そばが体に良いことは、万暦18年（１５９０年）ごろに中国から伝わった医学書『本草綱目《ほんぞうこうもく》』に書かれてあり、江戸時代以降は健康食として知られていたと考えられます。

反対にそばが切れやすいことから、旧年中の厄災を切るという意味や金銀を扱う細工師が金粉を集めるのにそばがきを使ったことから、金を集めるという意味も。

寺を建て、人を助けたからこそ謝国明の名前は１０００年後の今も残っているのでしょう。年越しそばは、人と分かち合う大切さを伝えているのかもしれませんね。

幸せはソバにある――縁起を担ぐのは商売繁盛の秘訣

7 ❖ そばが生まれた場所はどこにある？

中国から日本に製粉技術が伝えられたのは、鎌倉時代のことだと言われています。承天寺には、『饂飩蕎麦発祥之地』の石碑が建てられており、仁治《じんじ》2年（1241年）に承天寺の僧侶、円爾《えんに》が宋から持ち帰ったとされます。

〔石臼と水車による製粉の発明〕

現在のように、そばを麺として食べるには、そばを粉に挽く必要があります。日本の紛食文化は奈良時代には始まっていたとされ、唐から伝わった唐菓子を再現したり、小麦の皮に野菜などを包んだおやきが食べられていました。

しかし、石臼が持ち込まれる前は高級品で、貴族の食べ物でした。それというのも、つき臼という、餅をつくための臼と杵を使い、穀物を突いて粉にしていたからです。この方法でもそば粉はできなくはないのですが、大量に挽くことはできず、貴族しか食べられない貴重なものとなっていたのです。

円爾は宋から石臼の実物と水車を使って粉に挽く方法を図解した『水磨《すいま》の図』を持ち

帰りました。水力式製粉装置の設計図といったところです。この絵図を元に小麦やそばを粉に挽く技術が確立し、日本中に広がっていきます。

博多は鎌倉時代には大唐街という大きな中国人街があり、中国の文物が盛んに運び込まれていました。中国と人と物とが行き来し、博多は栄えていったのです。

〔そば切りの普及は江戸時代から〕

石臼の上陸で、粉食が庶民も食べられる料理となり、うどんやそばが食卓に並ぶようになります。しかし粉食が広まっても、そばはそばがきとして食べられるのが一般的でした。麺料理としてのそばが広まるのは江戸時代になってからです。

そば切りが始まった年代には諸説ありますが、１９９３年に木曽大桑村須原宿の定勝寺《じょうしょうじ》で発見された『番匠作事日記《ばんしょうさくじにっき》』（天正２年＝１５７４年）にそば切りが振る舞われたとの記述があり、今のところ、これがもっとも古い文献となります。

どんなことにも始まりがあり、記録が残っているものなのです。

幸せはソバにある——歴史に残るのは最初に始めた人

8 ❖ 続日本紀に初めてそばが登場

作物としてのそばが登場する最古の文献は『続日本紀《しょくにほんぎ》』（722年）です。元正天皇が、飢餓対策としてそばや麦の栽培を勧めたとあります。18世紀のフランスは、国王の命令でジャガイモの栽培が進み、飢饉を乗り越えました。日本の場合はそばだったようです。

〔人々を飢饉から救ったそば〕

日本では凶作や災害で、当たり前のように飢饉が起きてきました。干ばつや冷害による凶作で多くの人が死んでいきました。飢饉の歴史を調べた人によると、記録の残っている6世紀ごろから昭和までおよそ500回の飢饉が起きていたそうです。

灌漑設備が整い、品種改良や化学肥料が充実した今では考えられませんが、口減らしで親を捨てたり子どもを売るようなことも起きていたようです。

少ない水や日照時間でも育ち、栄養価の高い作物が、飢饉に備えた救荒食として作付けされました。ヒエやアワ、それにそばは、やせた土地でも育ち、収穫までの期間が米や麦よりも早いことから推奨されました。

〔そば切りも干しそばもルーツは長野〕

そば切りの最古の記録が残る定勝寺は長野県にあり、長野県は日本でももっとも古くからそば切りが食べられていた地域と考えられます。江戸でそばが流行したのは、中山道本山宿の名物だったそば切りが江戸に伝えられたからだそうです。

また、信州大名の鞍替え（国を入れ替えること）で長野のそば職人が各地に分散したことで、ご当地そばが生まれました。島根県の出雲そばや兵庫県の出石《でわ》そばなど有名なそばも、元祖は長野だったわけですね。

干しそばが生まれたのも長野県です。明治時代に長野市にあった大和屋本店の塩入三代吉さんが発明しました。

救荒食として麦や米よりも下の扱いだったそばが、適材適所を経て、今では高級食材です。人や物を生かすも殺すも環境次第ということでしょうか。

幸せはソバにある——いざというときのために、日ごろから備える

9 ❖ せいろそばの「せいろ」は何のため？

そばには熱い汁をかけたかけそばと冷たいもりそばがありますが、もりそばのことをせいろそばと呼び、せいろに盛って出す店があります。何のためにせいろに乗せて出すのでしょうか？　実はこれ、江戸時代にせいろでそばを蒸していた名残りなのです。

〔せいろそば誕生の秘密〕

せいろは、いわば蒸し器。沸いたお湯の上に積んで、載せた食材を下から蒸気で蒸します。ということは、昔はそばを蒸したということになるわけです。

二八そばと言いますが、あれは小麦粉をつなぎで2、そば粉を8の生地という意味（2×8＝16で、そばの値段が十六文だという説もあります）です。値段からも扱いやすさからも、そば粉だけの十割そばは難しかった。そばには小麦のような粘り気の成分のグルテンが含まれないため、つなぎがないと、ゆでている間にそばがブチブチと切れてしまうのです。しかし、江戸中期になると客の口も肥えてきます。そばは十割がいいという。そこで登場したのがせいろです。**ゆでるから切れてしまう、ならば**

せいろで蒸して、せいろごと客に出せばいいというわけです。

〔熱いつけそばはどんな味？〕

蒸したせいろごと出すので、せいろそばは熱かった。熱いそばを熱いつゆにつけて食べる、今でいうラーメンのつけめんの熱盛です。どんな味なのか想像つきませんが、今も蒸した熱いそばを出す店は全国に数店舗あり好評です。

ゆでたそばを蒸して熱くして出すという店もあったそうです。小説家の池波正太郎が大石蔵之介を主人公に書いた小説『おれの足音』には、「蒸し切りそばというものも出せるようになった。これは湯でさらしたそばを水で洗い、せいろに入れて熱く蒸しあげ、柚子の香りのするつゆに入れて食べる」とあります。

蒸しそばがおいしくなくて消えたのならともかく、蒸すのが面倒だとかの理由でなくなったのなら、もったいない。蒸したそば、おいしいものなら、私も店で出してみようかなぁ〜。

幸せはソバにある——温故知新、古いものから新しいことを学ぶ

10 ❖ そば屋はなぜ薄暗いのか

そば屋に入ると、大抵の店は薄暗いと思います。太陽がさんさんと差し込むそば屋は見たことがありません。どこも渋く、新しい店なら間接照明で間口はせまく、窓も内庭に向けて開いているだけだったり。なぜでしょう？

〔そばと陰翳礼讃〕

江戸時代から続く古いそば屋が暗いのは、日本家屋の作りが採光を重視していないためでしょう。谷崎潤一郎のエッセイ『陰翳礼讃《いんえいらいさん》』には、日本は光ではなく影に美を求めた文化だとあります。江戸時代は昼でも暗く、夜は行燈《あんどん》か火皿の淡い明かりしかありません。そんな闇と影を当然とした美意識が、日本にはあるのだと谷崎潤一郎は書いています。

たとえば日本の汁椀は、外は真っ黒で内側が朱色に塗られています。これは、ほの暗い中で生きてくる意匠です。手元も見えないような暗い部屋で、黒い椀の蓋を開ける。すると眼前に朱色が華やかに立ち上がります。現代の明るい部屋で見ても汲み取れない、影を前提とした美が、日本文化には織り込まれているのです。しかし、**もっとも重要なポイントは、そばが温度変化や直射日光ですぐに変質してしまうためです。**

〈理由はそばの繊細さにあり〉

そばは小麦や米に比べて脂肪分が多い穀物です。米や小麦の脂肪分は1～2％ですが、そばは3～4％と2倍も含有率があります。そしてそばの脂肪分の3割がリノール酸です。リノール酸は動脈硬化や血栓を防ぐ、体に良い油ですが、温度変化や直射日光、空気中の酸素などにより酸化しやすい欠点があります。酸化してできる過酸化脂質には腐敗臭があり、苦味があります。酸化すると、そばは明らかにマズくなるわけです。

そばの変質を防ぐには、そば粉を日陰の冷温所で密閉して保存しておく必要があります。日本家屋のひんやりとして薄暗い室内は、変化に弱いそば粉を保存しておくにはピッタリだったというわけですね。そば屋の店内が薄暗いのは、このような科学的な理由もあるのです。

幸せはソバにある――おいしさの裏には隠された理由がある

11 ❖ 赤穂浪士が選んだ最期の食事はそばだった

大石蔵之介と赤穂浪士四十七士の吉良邸への討ち入りは、忠臣蔵という名前で何度も映画やドラマになってきました。江戸も末期、武士の主従関係が薄れる中で、主君の恥をそそぐために命を捨てた忠臣たち。彼らが討ち入り前に食べたのはそばでした。

〈浪曲赤穂義士伝の討ち入りそば〉

忠臣蔵は歌舞伎の演目『仮名手本忠臣蔵』や浪曲『赤穂義士伝』が有名です。赤穂藩浪士四十七名は、両国橋のたもとで吉良邸と近かったそば屋・楠屋十兵衛の2階に集まったとされています。三々五々、身分を隠し、医者だ坊主だと言いながら2階へと上がる四十七士。しかし何やらただならぬ雰囲気に、これは強盗だ押し込みだと怯える主人に、堀部安兵衛が赤穂浪士であると身分を明かし、大石蔵之介が一同見回し「おのおの方、ご仕度はよろしいか」。かくて雪がしんしんと降り積もる中、吉良邸へと向かう赤穂浪士たち……。でもどうもこれ、史実ではないようです。

当時のことが記された『寺坂信行自記』には、四十七士のうち、吉田忠左衛門、吉田沢右衛門ら6〜7人が両国橋向川岸町亀田屋という茶屋に集まり、そばを食べたと書かれています。3カ所ほどに分かれて集まり、それぞれ午前二時の鐘が鳴るのを待ったというのが真相みたいです。

〔なぜそばなのか？〕

四十七士が全員でそばを食べたわけではないですが、『仮名手本忠臣蔵』が大ヒット、討ち入りがあったという12月14日にはファンがそばを食べに両国や義士たちの墓がある泉岳寺に集まります。お店もこころえたもので、その日は討ち入りそばの名前で特別なそばを出します。**とろろを雪に見立てて、とろろそばを出したり、陣太鼓に見立てた麩やがんもどきを具にしたり、**それぞれ工夫されています。

ところで、なぜ討ち入り前にそばだったのか。これはそばのつくり方を見ればわかります。**そば粉をこねたら、叩いて打って切る、まさに討ち入り。**江戸っ子らしい見立ての遊びです。

幸せはソバにある——最後までシャレと縁起を楽しむ余裕を持つ

12 ❖ そば屋の2階はあいびき場所だった？

逢瀬を楽しむには、今でこそラブホテルや旅館がありますが、江戸時代にそうした便利な場所はなく、どうしていたかといえば、お金持ちは遊郭や料亭のひと間を借り、庶民は茶屋やそば屋、うなぎ屋など飲食店の2階を利用していたといいます。

〔そば屋の2階がラブホテル〕

『愛の空間』（井上章一／角川学芸出版）によれば、江戸の色恋事といえば、花柳界の芸者と旦那衆とのいわば玄人同士の付き合いが多かったとのこと。それも男女比が4対1とも言われた男ばかりの江戸では仕方のないことだったのでしょう。

花柳界には待合あるいは待合茶屋という、ラブホテルとシティホテルを合わせたようなしゃれた逢引き場所もあるにはありましたが、よほどのお金持ちじゃないとおいそれとは通えない。**それよりランクが落ちるのが飲食店の2階で、女中のおねえさんに心づけを渡しておけば、隣りの部屋に布団も敷いておいてくれたそうです。**ただ当時の芸者は今の銀座のホステスと芸能人を足したようなポジションで、安くは見られたくない。そば屋の2階なんて、とフラれる男も多かったといいます。

〔戦後に消えたそば屋の2階〕

そば屋の2階がホテル代わりというのは、江戸時代から昭和の初めまで長く続いた風俗でした。中にはホテルではなく風俗店として、娼婦に2階を貸すそば屋もありました。

昭和に入っても、山の手のお嬢様たちは自分たちだけでそば屋のような飲食店に入るなどとんでもないことでした。当時の飲食店がそういうところだったからですね。

飲食とホテル業が分業するようになったのは、終戦後からだそうです。戦前に円宿という、ご休憩ありのラブホテルの原型のような宿泊施設が誕生し、飲食との分離が始まります。そして戦後、同伴ホテルや同伴旅館と名前を変えながら増えて行きます。その代わりにそば屋の2階は姿を消したのです。

そば屋の2階の良いところは、店に出入りしても、周りからは食事なのか逢瀬なのかわからないことでした。人目を気にするカップルには、よい仕組みだったでしょうね。

幸せはソバにある――人間、時には隠れ家も必要

13 ❖ そばの御三家とは？「藪」「砂場」「更科」

有名なそば屋の名前で思い浮かぶのは、「藪」に「砂場」、「更科」でしょう。この名前、よく耳にはしますが、この3軒は江戸御三家と呼ばれ、江戸時代から現在まで100年以上も、のれん分けをしながら現在まで残る名店です。

〈そばは三分を地で行く藪〉

「そばは三分」と言うそばの食べ方。三分、つまりたぐったそばの先をほんの1センチほどつゆにつけて食べることです。「それでは味がしないんじゃないか」と思うのは現代の甘いそばつゆに慣れているからです。江戸時代のそばつゆは砂糖もみりんも入れず、醤油と酒でかつお節を煮たような代物で、それはとてもしょっぱいものでした。

この江戸の味を現代にも伝えているのが「藪」です。こちらのそばつゆは、まさに江戸。3分とは言いませんが、半分もつけずにするとちょうどいい塩梅です。藪ののれんを継ぐ店は、時代が変わっても変わらないスタイルが愛されてきた理由でしょう。

〈大阪発祥の砂場、真っ白なそばをつくった更科〉

砂場はなんと大阪がルーツ。大阪城築城の際に、和泉屋という和菓子屋が人足相手に砂置き場でそばを出したのが始まりだそうです。江戸幕府の始まりとともに江戸に進出、大坂屋砂場として開業しました。しょっぱい江戸のそばつゆに対して、大阪の甘辛いつゆを持ち込み、繁盛しました。

更科は長野のそば屋が江戸で店を構え、『信州更科蕎麦処・布屋太兵衛《ぬのやたへえ》』と名乗ったのが始まりとのこと。本家とは別に、更科の名前を使う店もあり、そのあたりはややこしいのですが、麻布十番商店街にある総本家更科堀井が直系ということです。更科は更科そばを出した最初の店で、そばの皮をむき、さらにその芯だけを使った真っ白で上品なそばを生み出しました。現在、多くのそば屋で田舎そばと更科そばの2種類が置いてあるのは、更科の功績です。

100年を超えて名を残す。それどころか代を重ねて営業しているというのは、大変なことです。**その秘密は、時代に流されずに独自のスタイルを貫いたことにあるのです。**

幸せはソバにある——変わらないことが最大の魅力

14 ❖ 長寿庵はなぜどこにでもあるの？

日本で一番多くあるそば屋の名前が長寿庵です。どこにでもある気がします。丼物や定食があるそば屋は、なぜか長寿庵。チェーン店かと思いきやメニューも違い、店構えも違う。なぜそれほど長寿庵は多くあるのでしょうか？

〈のれん分けで増えた長寿庵〉

東京都麺類協同組合のサイトで確認したところ、長寿庵と名の付く店は東京都内だけでも45店舗。東京のそば＝長寿庵と呼んでも構わないほどです。江戸川区の『蕎麦処・長寿庵』さんがとても丁寧に歴史をまとめられていました。

長寿庵の創業は元禄15年（1702年）、愛知県三河出身の創業者惣七が上京し、江戸の京橋五郎兵衛町に最初の長寿庵を出しました。明治時代に入り、6代目宗七が従業員をのれん分けしたことで、長寿庵を名乗るそば屋が増え始めます。

現在はさらに分派し、現在は采女会、十日会、実成会、四之橋会の4つの会派に分かれていています。**修行した人がのれん分けで店を増やすため、何をどう出すかはその**

店の自由なのだそうです。本格的なそば専門店もあれば、町の定食屋として愛されている長寿庵もある理由はそういうことだったのです。

〈何でもつくる、何でも出すのが長寿庵〉

２００２年に長寿庵協同組合が起ち上げられ、長寿庵という名称も商標登録されます。これにより長寿庵グループが公になります。

水にまでこだわった手打ちそばを出す店もあれば、そばは機械製麺でつまみを充実させた居酒屋のような店もあり、それぞれの独自性がユニークな長寿庵。共通するのはそば屋らしからぬ豊富なメニューです。中にはかつ丼ならぬかつそば（かつ煮がそばに乗っている）がメニューにあったり、ラーメンが名物の店舗まであります。今では日本中のそば屋にある鴨せいろは、銀座長寿庵の発明なのだそうです。

そば屋という形にこだわらず、お客様の望むものを出すというお客様本位の姿勢が、長寿庵グループをここまで拡大させた原動力なのでしょう。

幸せはソバにある——望まれるものを望まれる形で出すことが成功の秘訣

第2章 ❖

そばに含まれるルチンが血圧を下げる

15 ❖ そばは健康食品

そばには健康食のイメージがあります。漢方では消化不良や胃腸の不調を治し、体の中の熱を取るとされています。そのため解熱や解毒の作用もあると言われています。では現代医学の観点では、そばはどんな食べ物なのでしょう。

〔そばに含まれるルチンの効果〕

そばにはルチンという、抗酸化物質であるポリフェノールが含まれています。

ルチンは、そばやいちじくなどに含まれる物質で、強い抗酸化作用があります。また血管を拡張する一酸化窒素の生産量を増やす効果によって、血圧を下げる働きもあります。血流をよくすることから、肌質を改善して美肌をつくると言われるほか、出血を止める作用が強いため、痔などの治療にも使われています。

免疫を強化する働きもありますが、これはルチン単体では発揮されず、そばとして食べたときに効果が出るそうです。これは、ポリフェノールは、複数の種類のものが組み合わさることで健康にいい効果が現れることがあるからです。

〔そばで疲労回復〕

運動や仕事で筋肉を使うと、アミノ酸が消費されます。そばは、１００グラム中に4.8グラムものアミノ酸の元となるたんぱく質を含み、野菜や穀物の中では優等生。さらに疲労回復効果のあるビタミンB群も豊富です。

あっさりしたそばに疲労回復効果があるというのも不思議な話ですが、疲れて食欲がないときでも、そばなら食べられますよね。

そばはたんぱく質が多いにもかかわらず、低カロリーです。１００グラム当たりのカロリーは米が１５６キロカロリーに対して１３０キロカロリーで、さらに糖質の吸収度合いを示すGI値も米よりも低くなっています。血糖値の上昇が穏やかなため、腹持ちがいい。ダイエットに向いた食べ物なのです。

不足しがちな食物繊維やミネラル分も豊富なそば。体重が気になる方や生活習慣病が不安な方は、そばを食べることをおすすめします。

幸せはソバにある――見かけよりも中身が大切

16 ❖ 二八そばと十割そばの違いは？

小麦粉をつなぎに入れた二八そばと、つなぎなしでそば粉のみを打った十割そば。実際、どんな違いがあるのか、味と栄養の両方から調べてみました。

〈なめらかな食感か強い風味か〉

そば粉8割と小麦粉を2割混ぜた二八そばと、そば粉100パーセントの十割そばは、味わいが違います。

そば粉には、小麦粉のような粘り成分のグルテンが含まれません。そば粉だけで打ったそばは切れやすく、つるつるとすするのは難しいのですが、**つなぎを使うことで切れにくくなり、なめらかな口当たりになります。**

つなぎは小麦粉に限らず、卵や自然薯（自生の山芋ですね）、信州ではヤマゴボウの葉を使ったり、海藻を使う地方もあります。昔は小麦粉が貴重品だったので、その土地で手に入るもので工夫してきたのでしょう。つなぎを使うとその分、そば本来の風味は失われますが、食感は良くなります。そこで、かけそばは二八そば、もりそばは十割そばにするなど、使い分けている店もあります。

〔栄養価に大差なし〕

つなぎを使うと、それだけそば粉は減りますが栄養価はどうでしょう。たんぱく質は、１００グラムあたり、そば粉は12グラムを含むのに対して小麦粉は8.3グラム、食物繊維は、そば粉の4.3グラムに対して小麦粉は2.5グラムと違いがあるので、いくらかの差は出るでしょう。

なお安いそばには、そばの色をしていても、そばの風味がまったくないものがあります。実は、食品表示基準では、そば粉が３割以上使われていれば、そばとして売ることができます。そのため安いそばは、二八そばならぬ七三そば。そばというよりもそば粉を練り込んだうどんといった体裁です。

手前味噌で恐縮ですが、「石はら」では二八そばと十割そばの二色盛りも提供しています。ご興味があれば、ぜひ食べ比べてみてください。

幸せはソバにある――何事も長所を見つけ、生かすのが肝心

17 ❖ そばでダイエットする方法

ダイエット中だからと夕飯をそばにしたり、昼のラーメンを立ち食いそばに変える人がいますが、それで本当にやせるのでしょうか。小麦や米とカロリーを比較すると、確かにそばのカロリーは低いのですが……。

〔太る原因は2つある〕

メタボ検診で医師に相談すると、食べる量を減らして運動しろと言われます。〝食事＝入力〟よりも〝運動＝出力〟が大きくなれば、体脂肪がエネルギーとして使われ、やせるのです。当たり前ですが、食べる量を減らすとお腹が空きます。結局、我慢できずに反動でもっと食べるようになる。悩ましいですね。

では、果たしてそばは、食べ過ぎを抑えることができるのでしょうか？　答えは「できます」。なぜできるのかは、血糖値と空腹の関係で説明できます。

〔そばは低GI値食品〕

実は人は、胃の中に食べ物が入ると満腹になり、食べ物が消化されると空腹になるのではありません。酔っていると胃は食べ物で一杯なのに、締めのラーメンは食べられたりします。

では「空腹」とは何かと言えば、一つの指標となるのが血糖値です。

血糖値は血液中の糖分の量で、消化された食べ物の糖分は血液で全身に運ばれ、エネルギーとして使われます。血液中の糖分の割合はＧＩ値と呼ばれるもので表します。

高ＧＩ値の糖類は消化吸収が早いので、お菓子や大量の炭水化物などを食べると急激に血糖値が上がり、すぐに下がります。するとからだは食べた糖がすぐに消費されたと判断し、空腹の信号を出します。そしてお腹がいっぱいでも、空腹を感じ、食べ過ぎの原因となります。

一方、低ＧＩ値の食品で糖分を摂れば血糖値の上昇がゆるやかで、その間は空腹を感じません。その点、**そばは低ＧＩ値の食品なので、そばから糖分を摂るようにすれば食べ過ぎになることなく、食事量は適正に抑えられるのです。**

幸せはソバにある――そばのように長く続く満足感が健康の秘訣

18 ❖ 腸活効果には、やっぱりそば！

そばには血圧を下げたりする以外にも、体にいい効果がいろいろあります。そのひとつが腸内環境の改善です。食物繊維も多い上に、そばに含まれるたんぱく質も、腸にとってよい特徴があります。

〔そばのたんぱく質は食物繊維のように働く〕

そばの甘皮に含まれるたんぱく質はレジスタントプロテイン＝難消化性たんぱく質と呼ばれ、消化されにくい特徴があります。一般的にたんぱく質は胃でアミノ酸に分解され、小腸で吸収されますが、そばに含まれるたんぱく質は胃では溶けません。小腸でも吸収されず、そのまま大腸へと運ばれます。そしてどうなるかというと、腸内細菌の栄養源になるのです。

大腸には1000兆個とも言われる大量の腸内細菌が棲んでいて、未消化の食物繊維や糖などを分解、栄養源としていますが、レジスタントプロテインも腸内細菌にとって食べ物のひとつになっています。

腸内ではさまざまな菌が集まってコロニーをつくっていますが、乳酸菌やビフィズス菌が増えることで腸内細菌のバランスがとれ、健康な腸内環境をつくります。

そばは、レジスタントプロテインのほかにも同様の難消化性の炭水化物、さらに通常の食物繊維も米や小麦よりも多く含まれていて、腸内環境の改善を助けてくれます。

〈腸内環境の改善は免疫を強化する〉

腸内細菌は１０００種類ほどあると考えられています。

その中には、肥満体型になるかどうかを決める細菌もあるそうです。腸内細菌によって肥満になるかどうか決まってしまうとは、ちょっとびっくりです。

また、体によくない働きをする腸内細菌もあります。例えば、細胞を老化させる物質を出す菌や、うつ病の原因となる菌や糖尿病を引き起こす菌などもいるのです。

腸内細菌のバランスが崩れると、そうした体にとって悪い菌が増え始めます。そばを食べると、こうした体にとって悪い菌が増えるのを他の菌が抑えてくれるのです。

幸せはソバにある――意外なものが、見えないところで重要な働きをしている

19 ❖ 江戸時代のそばは脚気の予防だった？

〝脚気《かっけ》〟という病気をご存じでしょうか？　江戸後期には「江戸患い」と言われ、一種の流行病でした。その原因は白米食。当時は脚気と白米の関係はわかっていませんでしたが、「食べると脚気が治る」と言われたのがそばでした。

〈脚気の原因はビタミンB1の欠乏〉

椅子に座った患者の膝を医師が小さなハンマーのようなもので叩いて、足がぴくんと動くかどうか確認する光景を見たことがあるでしょうか？　あれが脚気の検査です。脚気の人は足が動かないのです。

脚気は神経が冒され、倦怠感やむくみ、手足のしびれが起き、悪化すると亡くなることも少なくない病気です。そして脚気の原因はビタミンB1の欠乏です。

江戸時代、精米技術が進み、都市部では白米が普通に食べられるようになりましたが、その結果、庶民はビタミンＢ１が不足するようになりました。

玄米にはビタミンＢ１が含まれる胚芽が残っていますが、精米した白米は炭水化物以外の栄養はほとんどないからです。

当時の庶民は、１日にごはんを４～６合も食べ、おかずは漬物程度、あとは味噌汁という食生活だったために、ビタミンＢ１が足りなくなったのです。

参勤交代で江戸に来た地方の武士たちが脚気にかかり、地元に戻ると治ったことから江戸の風土病と思われていたようです。

〔そばに豊富なビタミンＢ１〕

江戸でそばが流行した理由のひとつに、そばを食べれば原因不明の脚気が治ったからとの説があります。**そばにはビタミンＢ１が豊富に含まれているからです。**

そんな庶民の知恵もどこかで途絶えてしまったのか、明治27年に起きた日清戦争の際には、陸軍が徴兵した約20万の兵のおよそ２割が脚気にかかり、亡くなった人も多かったそうです。軍隊でもそばを出せば、無駄に若者が死ぬこともなかったでしょう。実に残念です。

幸せはソバにある――庶民の知恵を侮ってはいけない

20 ❖ そば屋の主人もそばアレルギーになる

２０１６年、明治時代に創業した老舗そば屋で、ご主人がそばアレルギーになり、閉店したことがニュースになりました。そばは健康によい食品ですが、怖いのはそばアレルギーです。重篤化しやすく、亡くなる方も少なくありません。

〔危険なそばアレルギー〕

食物アレルギーでは卵やエビ・カニのアレルギーの人が圧倒的に多く、そばアレルギーの人はその1割以下と少ないのですが、恐ろしいのはアナフィラキシーショックです。アナフィラキシーショックとは極度のアレルギー反応のことで、発疹や呼吸困難・嘔吐・血圧低下などが起き、亡くなる場合もあります。

『食物アレルギー診療ガイドライン２０１６』によると、そばアレルギーの人のアナフィラキシーショック発生率は16.9％と小麦に次いで高い数字です。

そばアレルギーは非常に敏感で、空気中に舞った粉末やそばのゆで汁の湯気を吸ったり、そばがらを使った枕で寝るといったことでも発症することがあります。

〈原因はそばの実のたんぱく質〉

なぜ、最初は何ともなかったはずのそば屋の主人がそばアレルギーになったのでしょうか？　**アレルギーは人によって許容量があり、それを越すとコップの水があふれるようにアレルギー症状が出るらしいのです。**

花粉症がいい例です。去年まで大丈夫だったのに、今年になったら鼻水が止まらなくなったという人はたくさんいます。

そばアレルギーはそばの実に含まれるたんぱく質が原因です。根治させる方法は見つかっておらず、そばを避ける以外の方法はありません。

食品表示法でも表示義務がある特定原材料に指定されていますが、あくまで日本の法律です。原料名にそばと書かれていない海外の製品を食べてアレルギー反応を起こすこともあります。誰もがそばのおいしさを味わえるように、アレルギーの治療法が見つかることを願ってやみません。

幸せはソバにある——無理は禁物、人によって限界は違う

21 ❖ そば茶、そば湯で病気知らず

そば屋で出てくるそば茶やそば湯が好きで、そば屋に行くという人もいらっしゃるでしょう。そば茶やそば湯には、そばの栄養がたっぷりと溶け込んでいます。

〔そば茶に含まれる食物繊維で腸元気！〕

香ばしい香りのそば茶は、炒ったそばの実にお湯を注いだものです。

そば茶にはそばの成分が豊富に溶け込んでいます。その代表が食物繊維です。そばに含まれる食物繊維は8割が不溶性（ごぼうの繊維質のようにしっかりした繊維です）で、残り2割が海藻のヌルヌルと同じ水溶性です。そば茶には、その水溶性繊維が含まれています。

水溶性繊維には腸のぜん動運動を促す作用があり、また血中コレステロールを低下させたり、糖尿病を改善させたりもします。

血圧低下作用がある、ポリフェノールのルチンも含まれるので、血圧が気になる方にも向いています。

〈締めのそば湯でカリウムを摂取〉

そばを食べたら、そば湯で締める。とろりとしたそば湯でつゆを割って飲むと、じんわりとおいしいですよね。そば湯はただのそばのゆで汁ではなく、栄養がたくさん含まれています。中でも注目はカリウムです。

カリウムとナトリウムは、体内の水分を調整する大事な機能があります。ナトリウムは塩分から取れるので、むしろ取りすぎ注意。カリウムは野菜や果物に含まれるため、野菜嫌いやインスタント食品ばかり食べているとすぐに足りなくなります。すると水分が細胞の中へ戻りにくくなり、体がむくみ始めます。さらに低カリウム血症になり、脱力感や筋肉痛などが起こって、ひどくなると歩行困難や不整脈が起こります。

そばは穀物の中でもっともカリウムが多く、そば湯に大量に溶け出しています。足のすねやふくらはぎを指で押し、皮膚がへこんで戻りにくかったら、体がむくんでいます。そばを食べ、しっかりそば湯を飲んでカリウムを補充しましょう。

幸せはソバにある——親の意見とそばには千に一つも仇はない

22 ❖ 二日酔いにはそば

二日酔いの朝、酔い覚ましには何を口にしていますか？　駅前の立ち食いそば屋で熱いそばをすすり、頭をしゃっきりさせてから出勤するという方は多いのではないでしょうか？　そばは肝臓の機能を助けるので、二日酔いにはピッタリです。

〔二日酔いの朝に最適な朝食〕

目を覚ますとのどがカラカラ。酔い覚ましには水分が欲しくなります。お酒を飲むとアルコールの利尿作用で水分が失われる上に、寝ている間に肝臓がアルコールを分解する際、大量の水分を消費したためです。

アルコールの分解には大量の糖も必要なので、肝臓は蓄えていた糖分を使い果たし、体は低血糖状態。二日酔いで気分が悪いのに、何か食べたいと思うのは**血糖値が下がってエネルギーが空になっているからです。**

また尿と一緒に、ナトリウムやカリウムなど体内の微量物質も失われています。起きたら体がむくんでいるのはそのせいです。

つまり、二日酔いで目を覚ましたら、水分、糖、ナトリウム、そしてカリウムを補充する必要があるわけです。さらに欲をいえば、肝臓の働きを助け、細胞を活性化するビタミンB1・B2などのB群が含まれていれば、文句なし。そんな都合のいい食べ物が、そばなのです。

〈かけそばもいいが、もりそばをそば湯とセットで〉

かけそばの熱い汁を飲むと細胞が活性化され、元気が出ます。出汁には塩分＝ナトリウムが含まれていますし、そばには肝臓の働きを助けるルチンや、細胞を元気にするビタミンB群も含まれています。そば専門店のしっかりしたそばなら、もりそばがおすすめです。カリウムなどが溶けているそば湯を飲めるからです。

うどんやラーメンも悪くありませんが、カリウムの補充はできませんし、炭水化物が多いため、血糖値が急上昇と急降下をして、食べた後に体がだるくなります。

飲んだ翌日も元気に一日を送りたいなら、そばには敵わないでしょうね。

幸せはソバにある——物事の改善には、科学的な視点が不可欠

23 ❖ 天ぷらそばは完全栄養食

そばといえば天ぷらです。そばのゆで上がる間に天ぷらや板わさをつまみに酒を飲むスタイルは、天ぷらが庶民に広がった江戸中期にはすでにメニューにあったようです。栄養上も天ぷらをそばと食べることは理にかなっています。

〈天ぷらはどのように生まれたか〉

天ぷらの語源はポルトガル語の「テンポーラ（temporas）」ですが、このテンポーラ、食べ物の名前かと思いきや、日本の節句のように、四季に合わせて行う宗教行事なのだとか。

その日は肉食が禁止され、野菜や魚に粉をつけて揚げたものが食べられたそうです。天ぷらのルーツは、テンポーラに食べた料理だったんですね。

安土桃山時代に長崎で料理として誕生した天ぷらですが、当時は今の天ぷらよりも衣は厚く、砂糖や酒で味付けもされていて、現在のフリッターのような食べ物でした。やがて長崎から江戸へと天ぷらが伝わり、現在のカラッとした天ぷらが誕生するのは

18世紀半ばころと言われています。

〔天ぷらそばの栄養価〕

天ぷらそばがいつから広まったのかは記録にありませんが、江戸前天ぷらの登場とほぼ同時期に、そば屋のメニューに天ぷらが出てきます。19世紀には、庶民の間でも天ぷらそばは人気の食べ物になりました。

天ぷらを組み合わせると、そばに足りない油分やビタミンが補えます。そばは脂肪分が少ないため、他の食材で補う必要があります。ダイエットの敵と思われがちの脂肪ですが、細胞を包む細胞膜は脂肪からつくられます。脂肪が足りないと細胞の代謝が滞り、老け顔になってしまいます。

そばはビタミンB群こそ豊富ですが、ビタミンCやDは含んでいません。そばだけでは不足するビタミン類を野菜の天ぷらで、さらに、多くのたんぱく質を魚介の天ぷらで補充できる天ぷらそばは、ほぼ完全栄養食といっていいでしょう。

幸せはソバにある――自分に足りないものは素直に他の助けを借りる

24 ❖ そばの新芽「そばスプラウト」の健康効果

栄養価が高いと人気のスプラウト。ブロッコリーやアルファルファが有名ですが、そばのスプラウトも栄養満点なんです。

〈ルチンはそばの実の10倍！〉

スプラウトとは新芽のことです。成長した植物よりもグラム当たりの栄養価が高く、実や葉にはない健康増進効果があると言われています。中華食材の豆苗やカイワレ大根が代表格ですが、最近はブロッコリーや赤キャベツのスプラウトも人気ですね。

実は、そばの実のスプラウトもあります。そばに含まれる健康成分のルチンは血管を強くしますが、**そばのスプラウトには、そばの実のなんと10倍（ゆでたそばと比較すると100倍！）のルチンが含まれていて、**高血圧気味の方には強い味方です。他にもシミの合成を抑える働きもするので、美白効果もあります。

〈発酵させるとさらに効果倍増〉

そばのスプラウトは茎が赤い色をしています。

東北農業研究センターで、この赤い色素を糖尿病のマウスに食べさせたところ、血糖値が下がったとのこと。これは人間でも期待できそうです。

そばスプラウトはそのままでも非常に栄養価が高いのですが、静岡大学の研究では、青汁にして乳酸菌を加えて発酵させると、そばアレルギーの成分はほぼ分解される上に、抗アレルギー作用のある酵素が7倍も含まれているのだそうです。

ホームセンターなどでスプラウトの栽培キットやそばスプラウトの種が売られています。1週間ほどで食べられるようになり、味は刺激のないカイワレ大根という感じ。シャキシャキと食べやすい野菜です。

食べるサプリメントと言われるスプラウトをそばと一緒に食べたら、さらに健康効果がありそうですね！

もちろん、そば以外の料理でもOKです。いつもの献立に一品加えることで、手軽な栄養補給ができますよ！

幸せはソバにある——何事も、若いものは可能性にあふれている

25 ❖ そばの実の皮で肥満予防？

そばはダイエットに効果的ですが、そばの実はさらに効果が高いとご存じでしたか？　そばの実に含まれる成分が体内に脂肪を吸収させないそうなのです。

〔そばの皮に含まれる、肥満を抑える成分〕

54ページでも紹介しましたが、そばの甘皮には、レジスタントプロテインという、消化されにくいたんぱく質が含まれています。このレジスタントプロテインは、腸内環境を整えるのに役立つというお話はしましたが、他にも意外な効果があるのです。

なんと、肥満防止に役立つかもしれないというのです！

レジスタントプロテインは、脂肪を体に吸収しやすくする胆汁酸（肝臓から分泌される胆汁の固形分）をつかまえて、体の外に出す働きがあるそうです。

それだけでなく、レジスタントプロテインには、体内のコレステロールを減らす効果もあるのだとか。

つまり、**そばの皮を食べると、肥満防止やコレステロールを減らせるかもしれないと**

いうわけです。肥満とコレステロールが気になるお年頃の方には朗報ではないでしょうか。

〈皮を食べるにはそばの実が一番カンタン〉

最初にお話したように、そばのレジスタントプロテインは甘皮に含まれているので、挽ぐるみでなければ、そばの実をそば粉にするときに甘皮も取れてしまいます。だから、**レジスタントプロテインを摂るためには、甘皮の残った挽ぐるみか、そばの実をそのまま食べるのが一番です。**

外の殻をむいた「丸抜き」を煮て、サラダやスープなどに加えて食べるのが一般的ですが、米と2対1で混ぜて炊いてもおいしいそうです。煮るとオクラのような粘りが出ますが、食物繊維が溶け出したものなので問題ありません。

いつもの食事にそばの実を加えて、ダイエットに励みましょう。

幸せはソバにある——意外なところに役立つものがある

26 ❖ そばがら枕でよく眠れる理由

そばがら枕をご存じでしょうか。今はＮＡＳＡの新素材を使った枕や人間工学に基づいた枕などすごい枕が売られていますが、昔はそばがら枕がよく眠れると言われていました。では、その理由はどこにあるのでしょうか？

〈安眠のポイントは湿度と温度〉

よい枕のポイントは通気性と高さです。深部体温が下がると脳の活動も低下して、眠くなります。頭からも熱は放出されるので、枕は効率的に熱を逃がすこと、つまり湿気や空気がこもらないことが重要になります。

その点、そばがら枕は、そばの実の硬い殻を枕に詰めたもので、綿や羽毛の枕のような柔らかさはありませんが、そばがらのすき間から熱や湿気が逃げ、通気性も高いので、よい枕の条件を満たしています。

〈高さが変えられるメリット〉

詰め物であるそばがらは枕の中を自由に動くので、頭の高さにジャストフィットさせることができます。

枕がベストな高さよりも低いと、首に頭の重さがかかるため、朝起きると首が疲れてしまっています。逆に枕が高いと喉が圧迫され、気道が塞がれやすく、無呼吸症候群になりやすくなります。

そうならないよう、適切な高さに調整できる枕がよい枕で、できれば何も考える必要なく、寝るとぴったりの高さに自然にフィットしてくれるのが一番です。その点、そばがら枕は寝て頭を少し動かすとちょうどいい高さになるのです。

また、硬すぎず柔らかすぎずで、寝返りが打ちやすいのも特徴です。柔らかい枕は気持ちいいのですが、寝返りがうまく打てずに睡眠の質が下がりますし、硬い枕は首がしっかりした人には向いていますが、そうでなければ不快なだけです。

そばがら枕は、そのようなよい枕の条件を満たした上に、価格も手ごろなので、今も愛されているのです。

幸せはソバにある――長く続くものには理由がある

27 ❖ うどんが昆布出汁、そばはカツオ出汁の理由

西日本ではうどんが好まれ、東日本より北ではそばが好まれると言われます。この違いが生まれたのは気候風土の差によるもの。温暖な気候で育つ小麦が西で、寒冷地でも育つそばが東で愛されたのは当然のことでしょう。では、出汁の違いは？

〈西は昆布、東はカツオ節〉

小麦とそばでは、生育に最適な気温や土壌が違うため、西のうどん、東のそばに分かれたのは、当然と言えば当然です。しかしつゆは、なぜ西が昆布出汁が主体のやわらかい味わいで、東はカツオ出汁の、濃い、しょっぱいつゆなのでしょうか？

カツオ節の名産地と言えば、鹿児島県・枕崎です。現在と同じく、江戸時代もカツオ節の産地といえば九州で、船で江戸へと運ばれていました。

一方の昆布は北海道が主要な産地です。北海道の松前から下関を通り、瀬戸内海を抜けて大阪へと運ばれ、そこから江戸へとぐるっと回る北前船で運ばれました。

土地のものをその土地で消費するのが効率的ですが、**なぜか九州のカツオ節は大阪**

ではなく江戸で消費され、北海道の昆布は江戸ではなく大阪で消費されたのです。おかしな話ですが、なぜそんな奇妙なことが起きたのでしょうか？

〈水と気温が好みの味を分けた〉

ひとつの理由は、水です。湿地帯を開拓した江戸は水の質が悪く、硬水でした。

水がよくない江戸では出汁が出にくく、江戸では、昆布は出汁を引こうにも使い勝手が悪かったのです。

もうひとつは気候です。江戸時代は〝小氷期〟という規模の小さい氷河期で、現在よりも平均気温は2～3度低かったため、東北地方は何度も冷害に襲われています。

気温が下がると味覚は鈍感になります。寒い地域の料理の味が濃いのは、そのためです。また塩分は血管を広げる作用があるので、寒さで血流が鈍ると無意識に人は塩分をとろうとします。江戸のそばつゆがしょっぱいのには、気候が大きく関係していたのです。

幸せはソバにある――人の好みは環境を見ればわかる

第3章 ❖ 『吾輩は猫である』に登場するそばの話

28 ❖『一杯のかけそば』はなぜ100万部売れたのか？

1988年、『一杯のかけそば』という童話が泣けると話題になりました。映画化もされ、大ブームとなった『一杯のかけそば』。バブル前夜、日本人の琴線に触れたのは、親切なそば屋の物語でした。

〈始まりは、ある大みそかの夜〉

『一杯のかけそば』は、ある年の暮れ、店じまいをしようとしたそば屋に2人の子どもを連れた母親がやって来て、1杯のかけそばを3人で分け合って食べたところから始まります。翌年もその翌年も、その家族はやってきます。店主はそっとそばを足して1杯半にしてあげたり、200円に値上げしたそばを前の年の150円に戻したりしてあげます。

母子は父親が交通事故を起こし、その賠償金を必死に払ってきたために貧乏だったのです。賠償金を払い終わった年、子どもは学校で『一杯のかけそば』という題の作文を書きます。1杯のかけそばを3人で食べる自分たちに、そば屋の主人は嫌な顔もせず、「元気でがんばれ！」とかけてくれる言葉がうれしかったと発表したのでした。

母子が店に来なくなって数年後の大みそかの日、大人になり見違えるようになった子ども2人が母親を連れて現れました。そして「こんなぜいたくがしたかったんです」と3杯のかけそばを頼んだのでした。

〔人の優しさ、人情の温かさ〕

泣けます。こんな短い話で泣かされて悔しいのですが、どれだけ我慢しても最後の3杯のかけそばのくだりで泣けます。

『一杯のかけそば』は抜き差しならない貧乏と人の優しさをテーマにした物語で、バブルへと進み始めた世の中が、かつての日本を思い出そうとしているかのようでした。

私たちのＤＮＡには、無償の助け合いの気持ちが刻み込まれています。

貧乏は罪でも罰でもなく、乗り越えるべき人生の壁です。そのために互いに助け合う、そんな前向きなメッセージが日本人の心を揺さぶったのです。

幸せはソバにある——助け合う気持ちを忘れてはいけない

29 ❖ そばが登場する落語は『時そば』だけではない

そばが印象的な落語の演目といえば『時そば』が有名ですが、他にもそばを題材とした演目はいくつも残されています。扇子を使って、そばをすする様子をいかにうまそうに見せるかが落語家の力量で、そばとうどんでは、すする音も違うのだとか。

〈皆が知っている定番の演目『時そば』〉

『時そば』はこんな噺です。そばを食べながら、やたらにそばをほめる客がいる。食べ終わると、細かい銭しかねえと十六文の代金を一文二文と主人に渡し始めます。

「七つ八つ……今、なんどきでえ？」

「へえ、九つで」

「十、十一、十二……十六と」

払ってさっさといなくなります。隣で見ていた男、「うまいことやりやがったな、俺も真似して一文得しよう」と同じことをやろうとしますが……。

落語でそばを題材にした演目には、他にもいろいろあります。

〈落語に登場する、そばをめぐる喜怒哀楽〉

『そば清』は、そばの食べ比べで負けそうになった男が、長野の山中で消化を助ける草を見つけ、草を持って帰ってそばの大食いに再チャレンジ。60杯ものそばを食べ、もう一息だとこっそりを草をなめたところ、なんと男の姿は消えてしまう。男がなめたのは、実は、人間を溶かす草だったのだ……という怪談めいた一席。

『蕎麦の殿様』は、そば打ちを初めて見た殿様が、わしもやるぞと始めたのはいいけれど、ド素人の見よう見真似でめちゃくちゃなつくり方。見るも無残なそばを、家老以下が泣きながら「まことに結構なお味で」と食べるものの、全員腹を壊すという噺。

新作落語の『幽霊蕎麦』は食あたりで死んだ男が、妻に法事を出してもらえず、幽霊になってそば屋を始め、自分で自分の法事の金を稼ぐという噺です。

江戸から現代まで、そばの演目は、そばだけに長く途切れずに伝えられてきました。そばが今も庶民に愛されている証拠ですね。

幸せはソバにある——庶民に愛されてこそ、人気は途切れず続く

30 ❖ 弥次喜多が食べたそばの味

弥次郎兵衛と喜多八、弥次さん喜多さんの2人組が繰り広げる、お伊勢参りの珍道中『東海道中膝栗毛《とうかいどうちゅうひざくりげ》』。弥次郎兵衛の「次」は二の意味、それに喜多八の八で二八のそばとの説もあるほど、江戸っ子でそば好きの設定です。

〈作者の十返舎一九は大のそば好き〉

そば白くやくみは青く入れものは
赤いせいろに黄なるくろもじ
（十返舎一九《じっぺんしゃいっく》）

十返舎一九が、木曽路のそば屋、越前屋に立ち寄ったときに詠んだ狂歌です。五行思想の五色である白青赤黄黒を入れた、縁起のいい句となっています。

この越前屋、『東海道中膝栗毛』の続編『続膝栗毛』にも登場します。続編では弥次喜多コンビは伊勢神宮を参拝した後、金毘羅・宮島まで足を伸ばし、木曾街道へ。善光寺参りから、中山道から江戸へと戻る十二編が書かれました。

〈弥次喜多、静岡でそばをたぐり損ねる〉

『東海道中膝栗毛』にも、そばは登場します。伊勢への道中、弥次喜多コンビは泥棒に会い、無一文同然に。それでも腹は減りますから、現在の静岡・沼津から富士市吉原の吉原宿へと向かう途中でそば屋に入ります。

そばを頼みますが、そば一枚じゃ腹がふくれない。金は使えない。そこでお湯を何杯も飲んで腹をごまかします。

今くひしそばはふじほど山もりにすこしこころもうきしまがはら

（富士山のように山もりのそばを食べ、心持ちも浮島が原のようにウキウキしてきた）

と狂歌を詠んで旅を続けるのでした。元は金持ちの御曹司だった弥次さんは、何かあるたびに一句ひねるのですが、この句は見栄っ張りの弥次さんらしい一句です。

幸せはソバにある——見栄も時には役に立つ

31 ❖ そばをテーマにした小説

そばが出てくる小説というと、池波正太郎のような時代小説を思い浮べますが、意外と現代小説でも、そばをテーマにした作品が書かれています。そんな小説をいくつかご紹介しましょう。

〔そばときしめんの差が東京人と名古屋人の違い⁉〕

清水義範の作品は、パロディともコメディとも違う、不思議に面白い読み味です。清水義範の名前を世に知らしめたのが『そばときしめん』。雑誌に載っていた論文という体裁で、名古屋が巨大な村社会であると名古屋を小バカにした名古屋人論を展開します。そして東京のそばと名古屋のきしめんの差が、東京人と名古屋人の違いなのだとまとめています。

「蕎麦というものは、アイデンティティの確立というコンセプトで生まれた食べ物である。そしてきしめんは、個の喪失、社会への埋没という象徴を持った食べ物なのだ」（清水義範『蕎麦ときしめん』／講談社文庫）

そばで、わざわざ人間のアイデンティティを語る仰々しさが面白いのです。

〈地方創生とそば〉

『蕎麦、食べていけ！』（江上剛／光文社）は、経済小説の旗手が女子高生を主人公に、そばを通じて地方創生のあり方を説いた一冊です。

巨大資本が主人公の住む温泉街を買収し、巨大リゾート施設をつくろうとしていました。それを阻止するため、主人公は長らく中止されていた祭りの復活とそばを観光資源として、地元の復活をかけたクラウドファンディングに乗り出します。読めば、そばを食べたくなること請け合いです。

『カフェ飯男子とそば屋の後継ぎ〜崖っぷち無職、最高の天ざるに出会う』（喜咲冬子／スターツ出版文庫）は、そば屋が幽霊を成仏させるという、珍しいライトノベルです。出てくるごはんがおいしそうなものばかりで、一杯やりたくなります。

言葉で味わうそばの味も、また乙なものですよ。

幸せはソバにある——古い伝統にも可能性がある

32 ❖ 小林一茶も松尾芭蕉もそばの句を詠んだ

そばのことを詠んだ俳句はたくさんあります。小林一茶や松尾芭蕉、与謝野蕪村など有名な俳人は、誰もが一句はひねったそうです。**昔の俳句は高尚な文学のイメージがありますが、俗な食べ物のそばを詠むのも俳句なのです。**

〔そばの花　江戸のやつらが　なに知って〕

小林一茶といえば「青蛙　負けるな　一茶ここにあり」「雀の子　そこのけそこのけ　お馬が通る」など、反骨精神にあふれながらも、弱きものに向ける優しい目線の句で知られています。そんな小林一茶がそばを詠むと「そばの花　江戸のやつらがなに知って」とケンカ腰です。

小林一茶は、現在の長野県信濃町の出身です。信濃町は昔も今も有名なそばの産地で、黒姫高原のある高原地帯です。霧が発生することから信濃町のそばは『霧下そば』と呼ばれ、最高の風味とそば通に絶賛されています。

そんなそばの名産地出身の小林一茶、江戸の半可通を苛立たしく思ったのでしょう。

そばだけではなく、江戸を自慢すること自体を小バカにしているようでもあります。

〈そばの花を愛でた俳人たち〉

『奥の細道』で知られる松尾芭蕉も、そばで句を詠んでいます。

伊賀上野の生家に引きこもっていた松尾芭蕉を弟子が訪ねたとき、詠んだ一句が「蕎麦はまだ　花でもてなす　山路かな」。初秋、まだそばの実はなっていないが、そばの花は咲いている。そばの花が咲く山道を、芭蕉に会おうと弟子が上ってくる風景が目に浮かびます。

画家としても高名な与謝野蕪村もそばで句を詠んでいます。

「鬼すだく　戸隠のふもと　そばの花」。「すだく」は「集く」と書くそうで、「鬼すだく」は「鬼が集まって騒ぐ」の意味。戸隠には、美女の化けた鬼を平維茂が倒す鬼退治の伝説があります。それを踏まえて、戸隠ではそばの花が咲いたと鬼が集まって騒いでいるという一句です。そばは鬼にも愛される食べ物なのですね。

幸せはソバにある――長く続くものは人々の生活に根づいている

33 ❖ 浪曲『夜泣きそば屋の十助』を知っていますか？

討ち入り前にそばを食べたという『忠臣蔵』の赤穂浪士ですが、『忠臣蔵』には赤穂浪士の一人、杉野十平次がそばの屋台を引いて、討ち入りをする吉良邸の様子を探る様子が描かれています。『夜泣き蕎麦屋の十助』として浪曲にもなりました。

〈男の友情の物語〉

杉野十平次は、そばの屋台を引きながら、吉良邸を偵察します。邸内の武士の数や、武装している人数、手薄な時間帯などをスパイしていたわけです。

杉野十平次は20代後半の精悍な青年で、宝蔵院槍術の使い手。俵星玄蕃《たわらぼしげんば》（架空の人物）なる偏屈な道場主とひょんなことから仲良くなります。俵星は杉野を弟子に取ると、厳しいながらもかわいがります。

俵星は、自分の磨き上げた武芸が、太平の世で生かされることなく朽ちていくことを歯がゆく思っています。そんなある日、吉良邸討ち入りの一報を耳にした俵星。いても立ってもおれず「助太刀いたさん」と槍をつかみ走った俵星は、吉良邸へと急ぐ四十七士と出会います。俵星は、その中に杉野の姿を見つけます。死を覚悟した杉野に、俵屋は両国橋に仁王立ちとなり、自分が上杉藩（吉良上野介の息子が上杉藩の当主だった）を食い止めると言うのでした。

〈死に場所を探す男たち〉

幕末の武士たちは、長い泰平の世に、戦士としての存在意義を見失っていました。「武士道と言うは死ぬことと見つけたり」の『葉隠』は、当時の武士の心持ちを表しています。第二次世界戦で国民を戦争へと洗脳する道具として使われたため、戦後は禁書にされた経緯もあり、良い印象を持たない方も多いでしょう。しかし、**実際の『葉隠』は、人との付き合い方や優秀な人材のスカウト方法など、今でいうビジネス書と自己啓発本のような内容です。**きっと意識の高い武士が読んでいたのでしょうね。

自分を生かせる場が、主君の仇討という忠臣蔵の価値観は、今となっては切なく悲しく感じます。

幸せはソバにある――世間に流されず、自分が生きる場所を探す

34 ❖ 立ち食いそばは非合法？ 映画『紅い眼鏡』の世界

映画監督の押井守は『機動警察パトレイバー』や『うる星やつら』といったアニメ作品で有名ですが、実写映画も撮っています。初の劇場公開映画『紅い眼鏡』は、運命に翻弄される男の話ですが、そこではなぜか立ち食いそばが非合法なのです。

〔腰に銃を突っ込んだそば屋の店主〕

主人公は警察の治安維持部隊の一員でしたが、その苛烈な捜査に批判が集中、部隊は解体を命じられます。しかし主人公は命令に反発、特殊な戦闘スーツを持って海外へ逃亡します。３年後、帰国した主人公を待ち受けていたのは、主人公を抹殺しようと追いかけてくる警察と主人公を革命のシンボルにしようとする地下組織でした。

そんなハードボイルドな物語に登場するのが立ち食いそば屋です。**その世界では立ち食いそば屋は非合法化され、地下につくられた殺風景な店では、腰に銃を突っ込んだ店主がかけそばを出しています。**

なぜ立ち食いそば屋が非合法なのかの説明はありません。押井守ワールドを知らないと意味がわからないかもしれませんが、そういう映画なのです。

〔立ち食いそばで人生を語る〕

押井監督は立ち食いに並々ならぬこだわりがあり、『立喰師列伝』という映画も撮っています。昭和20年代に、立喰師という、無銭飲食を専門に行うプロの犯罪者がいたという話から始まり、時代をまたぎながら、立喰師たちが立ち食い店と熾烈な戦いを繰り広げます。

お店にしてみればとんでもない話ですが、押井監督はインタビューで「戦後すぐの日本では、みんな道端でご飯を食べていた」と答えています。道端でご飯を食べるということは、あまりの貧しさに明日がどうなるかわからないということでもあります。押井監督は、その道端でご飯を食べる人々と立食師たちの姿を重ね合わせていたのでしょう。

立ち食いそばにも、人それぞれのさまざまな思い入れがあるのです。

幸せはソバにある——見過ごしがちな日常にも、たくさんの思いが詰まっている

35 ❖『うる星やつら』とそば

押井監督が参加したテレビシリーズのアニメ『うる星やつら』にも、立ち食いそばは登場します。第122話『必殺！立ち食いウォーズ!!』では、主人公たちが立ち食いのプロと熾烈な戦いを繰り広げます。

〔代金をごまかしたのに感謝される！〕

友引高校の2年生、諸星あたると宇宙人の押しかけ女房ラムを中心に、友引高校の面々が毎回大騒ぎを繰り広げるアニメ『うる星やつら』。

『必殺！立ち食いウォーズ!!』は主人公たちが立ち食いそばを食べていると、着流しの中年男が店の戸を開けるところから始まります。かけそばを食べたのに男は代金を払いません。金を払うに値しないそばだとこき下ろし、店主は言いくるめられて逆にアドバイスを受けたと思い込み、感謝する有りさま。

結局、男は無銭飲食のまま帰っていきます。人呼んで「けつねたぬきの竜」！

落語『時そば』が店主をほめ殺していい気分にして代金をチョロまかしたのに、こちらは言いたい放題で代金を一円も払わない。より悪質ですね（笑）。

〈けつねたぬきの竜の正体〉

牛丼屋には「牛丼の牛五郎」、ホットドッグ屋には「ホットドッグ・ジョー」、商店街に次々と現れる立ち食いのプロ！　彼らは大手流通メーカーが商店街に進出するために送り込んだ刺客だったのです。大食い対決で戦うことになる友引高校の面々と立ち食いのプロたち。次々と参加者が倒れていく中、果たして勝負の行方は？

面白いのはどうでもいい部分の描写の細かさ。けつねたぬきの竜がかけそばを食べる姿の「カウンターに対しては、真正面を向かずにおよそ28度の角度を持って斜めに構え、重心は外側の足に乗せて他方をリラックスさせる。丼の位置は高からず低からず、そばをすするにつけて胡蝶が舞うがごとくに胸元を〜」には、笑いました。

立ち食いそばを食べるという、たったそれだけのことを、腕のいい監督はコメディの小品に仕上げてしまいます。どんなアイディアも扱い方次第というわけです。

幸せはソバにある――どんなことも、アイディアになり学びになる

36 ❖ そばがオシャレな渋谷系だった90年代

90年代の渋谷系が再結集、2003年にそばをテーマにしたコンピレーションアルバム『SOB-A-MBIENT; Music for Your Favorite Soba Shop』が発売されました。テーマはそば屋の環境音楽という通な作品です。

〔超豪華メンバーがそばを奏でる〕

アンビエントミュージックのサワサキヨシヒロ、ヤン富田、伝説のテクノポップバンド「PLASTICS」の中西俊夫らに、渋谷系を生み出したピチカートファイブの小西康陽など、豪華な参加アーティストにファンはたまらないアルバムとなっています。

これ以外だと、そばをテーマにした曲で、もっともメジャーな一曲と言えば、中島みゆきの『蕎麦屋』ではないでしょうか。

男同士が夕方からそば屋で酒を飲む歌で、あの慌ただしいようなのんびりしているような、でも何となくやるせない、そんな大相撲の中継を見ながらそばをたぐる時間がうまく描かれています。

〈そば打ちバイオリニストもいる〉

『ゆさそば』はオソバイオリニスト「ゆさ」とキーボード担当の「しょごご」のユニット。バイオリニストで、ボーカルも兼ねているオソバイオリニストのゆささんは、蕎麦鑑定士1級、江戸ソバリエ、そばソムリエ、そば打ち2段位という、そば通を超えたそばマニア。ライブでは、しょごごさんの演奏に合わせてゆささんがそばを打つという、**そば打ちライブパフォーマンスを行っている唯一無二のバンドです。**

元シブがき隊のふっくんこと布川敏和が、ふっくん布川の名義で歌うのが『そば食いねぇ！』。大ヒットした『寿司食いねぇ！』のそばバージョンです。芸能生活30周年記念に日本蕎麦協会公式ソングとして、２０１０年に発売されました。そば好きのふっくんが、『寿司食いねぇ！』のアンサーソングとしてプロデュースしたそうです。

そばにまつわる音楽はいろいろありますが、そば屋でのＢＧＭ選びは難しいんです。演歌は違うし……。やはり、おしゃれなジャズでしょうか？

幸せはソバにある――楽しさやおいしさは、音楽で左右される

37 ❖ そば猪口の美学

そば屋でもりそばを食べるとき、有田焼や伊万里焼のそば猪口《ちょこ》でつけ汁が出てくると、味もワンランク上がったような気がします。そば猪口が誕生したのは17世紀、江戸時代の始まりとともに普及しました。

〔そば猪口は素人でもわかりやすい骨とう品〕

骨とう品集めを趣味とする人の中には、そば猪口から始めたという方がいらっしゃいます。**そば猪口は、価格も安く扱いやすく、素人でも形などから時代がわかる、色や模様にさまざまな遊びがあり、場所も取らないなど始めやすいからです。**

そばのつけ汁を入れるだけではなく、酒を飲んだり、酒のつまみを入れたりと使い道は多様で、食器の区分では何にでも使える雑器に分けられます。

そば猪口の原型は17世紀にすでにあったそうです。当時は鉢のように口径が広く、底径が小さな朝顔の花のような型をしたものが主流でした。

江戸中期ごろから徐々に口径は小さく底径は広くなり、口の内側にぐるりと帯のように模様が描かれ始めます。食卓に置いたとき、底の縁だけが食卓に触り、中央は触らないように高台が付けられました。〝蛇の目凹形高台〟と呼ばれる様式です。蛇の目傘のように、ぐるりと円を描く模様を当時は蛇の目と呼んだのですね。

〈ひとつとして同じものがないそば猪口の絵柄〉

江戸時代の後期になると、現代のそば猪口と同じように口径と底径のサイズがほぼ変わらない、すとんとしたデザインが主流になります。

そば猪口の「ちょこ」は、元は「ちょく」と読み、安直であるとか、ちょっとした小さいものなどを指す言葉でした。転じて、酒器の類いをまとめて猪口と呼ぶようになったそうです。

そば猪口に描かれる絵柄は千差万別。ひとつとして同じものがないほどです。産地や作家、時代によって形と絵柄は変わり、それが収集癖をくすぐります。お気に入りのそば猪口を見つけたら、それが骨とうの世界への第一歩です。

幸せはソバにある――入り口は小さくても、その向こうには大きな世界

38 ❖ NHK朝ドラ『おひさま』の舞台はそば屋

2011年放送の連続テレビ小説『おひさま』は、長野県安曇野市と松本市が舞台でした。井上真央が演じた主人公の丸山陽子は快活な女の子。夫の実家の老舗そば屋を継ぐのですが……。

〈大正から戦後を生きた女性の半生〉

『おひさま』の主人公である陽子は、とにかく元気なキャラクターで、番組のキャッチコピーも「私は陽子。太陽の〝陽子〟です！」でした。

老舗そば屋の跡取り息子と結婚した陽子ですが、新婚生活を楽しむ間もなく夫は徴兵され、義父母と店を守ることになります。ようやく復員した夫とともにそば店を継ぎますが、火事で焼失。義母に習いながら、陽子はそば打ちを始めます。

やがて陽子夫婦はそば畑に囲まれた古い洋館を譲り受け、そば屋に改装します。ところが今度は陽子の夫が陶芸家になりたいと言い出したりと、ひと騒動あり……。

陽子が開いたそば屋『百白花《ひゃくびゃっか》』は店の目の前がそば畑で、一面に広がる真っ白なそばの花が印象的でした。

〈女性のそば打ち職人〉

木鉢三年、のし三ヶ月、包丁三日。そば職人として一人前になるには、それほど時間がかかるという意味です。三という数字の語呂がいいから三年三ヶ月三日なのでしょうが、店を経営することまで含めて考えると、今日明日ですぐにできる仕事ではありません。事実、私も八王子で50年続く名店、蕎麦「車家」で3年間修業しました。

最近は陽子のような女性のそば職人も増えています。一般の方向けのそば教室とは違い、プロを養成するためのそば学校が増えたことも、その理由のひとつでしょう。ひと通りそばを打てるようになるまで10日間程度、開業までのノウハウ習得まで約3ヶ月で行うそうです。卒業したら即開業というわけにもいかないでしょうが、それでもこうした学校ができたことで、間口が大きく広がったのは事実です。

男女にこだわらず、そば打ちを楽しむ人が増えるとうれしいですね。

幸せはソバにある――男性しか、女性しかできないという思い込みは捨てる

39 ❖ そばのことわざ「蕎麦で首をくくる」の意味は？

そばにまつわることわざはいくつもあります。「蕎麦で首をくくる」「蕎麦と坊主は田舎がよい」「夏の蕎麦は犬さえ食わぬ」「蕎麦の自慢はお里が知れる」「蕎麦作りに飢饉なし」などなど、いくつご存じですか？

〈蕎麦で首をくくる？〉

「蕎麦で首をくくる」……くくれるわけがありません。できるはずがないことのたとえです。「蕎麦と坊主は田舎がよい」とは、江戸や大阪などの都会では、うまいそばを食べられないし、ちゃんとしたお坊さんもいない。都会が何でもいいわけではないということですね。

「夏の蕎麦は犬さえ食わぬ」は、夏のそばは風味が落ちてまずいというそのままの意味ですが、最近は夏のそばもおいしくなりました。白鳥製粉の経営者、白鳥利重氏は、夏に寒い南半球でそばをつくれば、夏でもおいしいそばが食べられるとオーストラリアで作付けを開始。当初はうまく行きませんでしたが、社長が代替わりした後、

１９８８年についにそばの収穫に成功、『タスマニアそば』と名付けられ、販売が始まりました。

日本の夏のそばはまずいから、地球の反対側で夏にそばを収穫するなんて、江戸時代の人が聞いたらビックリするでしょうね。

〔ことわざに残る昔の人の知恵〕

「蕎麦の自慢はお里が知れる」は、そば自慢は自慢にならないという意味だそうです。というのも、そばがとれる土地は米がとれない土地。だから、そばを自慢することは、自分の郷里では米がとれないと言っていることと同じで自慢にならないのだとか。

一方「蕎麦作りに飢饉なし」は、そばは米がとれないような土地や季節でもしっかり実を結ぶ作物だと端的に表しています。そばをつくっていない土地の人でも「蕎麦作りに飢饉なし」と聞けば、念のためにそばもつくっておくかとなるでしょう。

そばのことわざは意外と多く、そばがいかに生活に根付いていたかがわかります。

幸せはソバにある――知恵は、シンプルな言葉で伝えていく

40 ❖ 平安時代の僧もそばの和歌を詠んでいる

そばが普及する以前、まだそば切りが生まれる前の平安時代に、そばのことを詠んだ和歌が残っています。これを詠んだ、僧である道明はなんと藤原道長の血統で、『和泉式部日記《いずみしきぶにっき》』の和泉式部と恋仲でした。

〈鳥も食べない、まずいそばの実?〉

そばのことを詠んだ一番古い和歌は1254年に編まれた『古今著聞集《ここんちょもんじゅう》』（飲食第廿八）にある道命の一首だそうです。道命は、藤原道長と縁戚にあった、非常に身分の高い平安中期の人物です。

道命が僧侶の修行中のこと、山人から食べ物をもらいました。食べたことがない物で、何という食べ物かと尋ねたら、「そばだ」と答えました。

そこで道命の詠んだ歌が、

「**引板延へて　鳥だにすゑぬ　そまむぎに　ししつきぬべき　心地こそすれ**」

私なりに意訳すると、「一面に生えていても鳥も食べないそまむぎ＝そばを、猪は食い荒らす、私も体に肉がつく気がした」という意味でしょう。

当時の貴族はそばの存在を知らず、山の民が食べるものだと思っていたようですね。しかも彼らにとってはまずいものだったような……。

〈道命と和泉式部の関係〉

道命は中古三十六歌仙に選ばれた歌人ですが、同じく中古三十六歌仙の和泉式部と恋仲でした。宇治拾遺物語に、「色に耽《ふけ》りたる僧ありけり」と書かれた道命、和泉式部の部屋に泊まり、目が覚めて経をあげていたら、位の低い道祖神が道命の経を聴きに来たそうです。

一方の和泉式部は恋多き女性として知られ、宮中の同僚だった紫式部に「浮かれ女」と呼ばれ、藤原道長が和泉式部の扇に「うかれ女の扇」と書いたそうです。

2人とも抜群に和歌がうまく、今に名を残しています。芸術には色恋が必要なようです。

幸せはソバにある——聖俗、色恋、すべて栄養にして生きる

41 ❖『吾輩は猫である』で見せた迷亭の意地

夏目漱石の作品にも、そばは登場します。『吾輩は猫である』では、猫の飼い主である苦沙弥《くしゃみ》先生の家に友人の迷亭《めいてい》が遊びに来た際、そばの食べ方でひと騒動。苦沙弥先生のモデルである夏目漱石はうどん派だったようです。

〔そばの食べ方を講釈したクセに……〕

苦沙弥先生の同僚で、大学では美学を教えている迷亭先生は、暇さえあれば苦沙弥先生の家に遊びに来ます。

ざるそばをごちそうになった迷亭先生、そばはこうして食べるのだとつゆの中に薬味を全部入れ、「君そんなに山葵《わさび》を入れると辛いぜ」と心配する苦沙弥先生をよそに、「蕎麦を食うにもいろいろ流儀がありますがね。初心《しょしん》の者に限って、無暗《むやみ》にツユを付けて、そうして口の内でくちゃくちゃやっていますね。あれじゃ蕎麦の味はないですよ」と、そばは3分の1ほどをつゆにつけ、一気にすすり込むのがうまいのだと言います。

やってみせようとした迷亭先生、固まったそばがひと皿分、持ち上がってしまい、つゆにつけるとつゆがこぼれんばかり。言い出した手前、戻すに戻せずに一気にそばをすすり込んだのでした。すると、迷亭先生の両眼から涙のようなものが……。

〔正しいそばの食べ方はある？〕

迷亭先生は、汁は少なめにつけて一気にすすり、３口か４口で空にするのがそばのうまい食べ方だと言うのですが、**目に涙を浮かべたまま言われても、説得力がないことこの上ありません。**

大正時代の料理研究家、村井政善《むらいまさよし》のエッセイ『蕎麦の味と食い方問題』には「蕎麦の食い方は、箸ではさんで尻の方を一寸三分ばかり汁へつけて、箸の方から口へ入れ、一度汁のつかないままで、口でしめしてから本当の蕎麦の味と香気を味わいて後、静かに汁のついている方を吸い込んで煮出汁の味が分る」とあります。

いろいろ食べ方がありそうですが、自分の好きなように食べるのが一番です！

幸せはソバにある――妙なこだわりは本質から遠ざかるだけ

42 ❖『美味しんぼ』が教えてくれるそばの真髄

日本人をグルメにしてしまったマンガ『美味しんぼ』（原作・雁屋哲／作画・花咲アキラ／小学館）。あのマンガにも、もちろんそばがテーマの話もあります。

〔うまいそばのつゆ〕

『そばツユの深味』（2集3話）は、手打ちそばの屋台を引く青年が、濃い味のつゆができずに困る話です。悩んでいたある日、並木藪蕎麦の店主が屋台に現れて、青年のそばを食べます。そしてうちの店とは違う薄いつゆだ、この味が知りたいから店に来てくれと言うのです。

恐縮しながら並木藪の厨房に入った青年は、店主から藪蕎麦のつゆのつくり方を教えてもらいます。それは醤油と砂糖を土に埋めた甕で3週間寝かせて「かえし」とし、厚く削ったカツオ節を分量が3分の1になるまで煮詰めたダシと合わせて24時間寝かせ、さらに一度湯煎してからまた24時間冷ますという、非常に手間と時間のかかるものでした。

青年は、後に、主人公の山岡士郎が自分のために店主と話をつけてくれたのだと知ります。感謝する青年に、士郎は「俺の勝手でしたことさ」と答えるのでした。昔も今も、人のために何かしてあげることは美しいですね。

〔新そばに薬味はいるのか？〕

『薬味探訪』（32集４話）は新そばに合う薬味の話です。

美食家で陶芸家の海原雄山が経営する美食倶楽部の料理人が、父親に新そばに合う薬味を考えろと言われ、困っているところを士郎は助けます。士郎が薬味として選んだのは、暮坪《くれつぼ》カブという岩手の伝統野菜でした。

暮坪カブはそれだけでは非常に辛い野菜なのだそうです。ねぎやわさびは新そばの繊細な香りを消してしまいますが、おろした暮坪カブはそばのうまみを引き出し、土の香りが郷愁を誘うのだとか。『美味しんぼ』は、食の世界の裏側を見せ、日本の食文化を変えました。物語には、文化を変える力もあるのですね。

幸せはソバにある――真実は、なかなか表には出て来ない

43 ❖ 映画に出てくるそば

時代劇には、当たり前のようにそば屋が出てきますが、現代が舞台の映画には、そばを食べるシーンもそば屋が出てくることも滅多にありません。数少ない、そばが印象的な映画を調べてみました。

〔『タンポポ』に登場する山積みのせいろ〕

食べ物の映画と言えば、伊丹十三監督の『タンポポ』でしょう。物語の中盤に、故・大滝秀治が演じる、金持ちの老人がそば屋にやってきます。天ぷらそばと鴨南蛮とぜんざいを食べ、もちを喉を詰まらせて七転八倒しますが、掃除機でもちを吸い出して事なきを得ます。店は室町砂場だそうです。主人公たちが4人で14枚のもりそばを頼み、山積みのせいろがどんと置かれるシーンが印象に残ります。

医療ドラマの『チームバチスタの栄光』（監督・中村義洋）は、厚生労働省の変人役人の白鳥と精神科医の田口が、巨大病院で起きた医療事故の真相を追うサスペンス。病院の食堂で、阿部寛が演じる白鳥がかけそばとたぬきうどんを左右に並べ、交互に食べているのを見て、竹内結子演じる田口が「うどんとそばを一緒に食べておいしいですか？」と聞くと、**白鳥は「一緒に食べているんじゃありません。うどんをおかずにそばを食べているんです」**。さすがに変人らしい屁理屈ですね（笑）。

〈母子のきずなをそばがつなぐ〉

映画『続・深夜食堂』（監督・松岡錠司）は夜中に店を開き、明け方には閉まる、通称・深夜食堂を舞台に訪れる客の悲喜こもごもを描いた人間ドラマです。3話のオムニバス形式で2話目がそば屋の親子の話です。亡夫の店を守る母親と店を継ぎたくない息子。母親にとっていくつになっても息子は息子なのですが、まだ半人前と思っていた息子が結婚したいと言い出し、母親は困惑。酒を飲みながら愚痴る母親に食堂のマスターはそばを出します。それは息子が店を継ぎたいと、母親に隠れて打ったそばでした。

楽しいときも大変なときも、そばは不思議と、どんな景色にも似合います。

あなたの人生のどんな景色に、そばは似合うでしょうか。

幸せはソバにある——食べ物を通して語る人生の機微には味がある

44 ❖ 岡本太郎が愛したへぎそば

「芸術は爆発だ!」の岡本太郎画伯。没後30年になろうとしていますが、いまだその影響力は衰えていません。「自分の仕事は人間だ」と言った情熱の人でしたが、好物はそば。新潟の由屋がご贔屓でした。

〈岡本太郎が通った店にある貴重なもの〉

岡本太郎は縄文土器をアートとして捉えた先駆者です。単なる古代の器として、学術的な価値以外、評価されていなかった縄文土器に岡本太郎は注目しました。

1950年代、岡本太郎は国立博物館で初めて火焔型土器を目にします。

そして、呟くのでした「なんだ、これは」と。

岡本太郎は縄文土器の写しをつくり、文字なき縄文人の心情をつかもうと苦心します。全国の縄文土器を見学に行き、中でも火焔型土器（『新潟県笹山遺跡出土深鉢形土器』として国宝に指定されます）が出土した新潟県十日町市には、何度も訪れました。

そして、十日町市を訪れた岡本太郎が好んで食べたのが、〝へぎそば〟でした。岡本太郎が通ったという『由屋』には、自身の手による『由屋』の筆墨が残されており、そのまま看板にも使われています。岡本太郎ファンなら一度は行きたいお店ですね。

【へぎそばのつなぎは海藻！】

そばのつなぎは小麦粉や卵が一般的ですが、へぎそばは海藻の布海苔《ふのり》を使います。名前の通り、着物をピンとさせる糊付けに使われるものです。十日町市は織物が盛んで、布海苔がよく使われていたところ、そば屋の小嶋屋総本店初代・重太郎がそばのつなぎに使うことを思いつき、十日町市の名物となりました。

へぎそばの「へぎ」は「剥ぎ板（合板のこと）」の「剥ぎ」が転じたもので、剥ぎ板でつくった四角い器のことを指します。そこにひと口大にキレイにたぐったそばを並べた（手繰り盛りと呼びます）のがへぎそばです。

火焔型土器の意匠は、蛇とも海とも布とも言われます。きれいに手繰り盛りにされたへぎそばには、この地方ならではのDNAが残され、今に伝えられているようです。

幸せはソバにある——古代の発想を現代につなぐことも大切

45 ❖ なぜ日本人は山奥までそばを食べに行くのか？

一番近い駅から車で2時間もかかる山の中に、行列ができるそば屋があるそうです。そのそばは、そこまでして食べるほどおいしいのでしょうか？　また店主は、なぜそんな山の中でそばを出しているのでしょう？　不思議に思いませんか？

〔そばは〝純粋〟な食べ物〕

なぜそんな不便な山の中に店を出すのか、昔は不思議でしたが、今はわかります。水のためです。そばは、とても純粋な食べ物です。材料はそば粉と水だけです。

そばを水で食べさせる店があるそうです。私が自分の店で使う水をどうしようかと、悩んでいたときのこと。当時、私は水道水を山の水のように変える浄水器はないのかと探していました。山の水が美味しいことは知っていたからです。水を飲んでも大きな違いはわかりませんが（わかる人はわかると思います）、そばを水につけて食べると水の違いがよくわかります。**粉をこねるときに使うのが、水道水とペットボトルの天然水とでは、そばの味が全然違います。**水道水では塩素の臭いがしてまずいのです。

そこで、山の中に店を出すそば屋の理由がわかりました。山の中なら、おいしい水を自由に使えるのです。

〔水の味がわかるそば〕

私の店は、幸いにしてご縁があり、アメリカの業務用浄水器を購入することができました。ただ、この浄水器、強力なのは大変いいのですが、カルキ臭どころか微量成分も全部、吸い取ってしまうのが弱点といえば弱点なのです。

山の水には、いろいろな不純物が入っています。そして、**その不純物がそばの味を一層引き立てているのでしょう。**

町の中で、いい水を使った本気のそば屋をやろうとしたら、私のように浄水器を使うのは当然です。だからこの水を使って、なんとか山の水でつくったそばのような味を出せないか、日々奮闘しているのです。

山奥で営業するそば屋とは、そば屋の理想の姿かもしれませんね。

幸せはソバにある――混じり気こそが最善への近道

第4章 ❖ 三大そばだけじゃない 日本には無数のそばがある

46 ❖ みんなの知らない、ご当地そばの世界

ご当地ラーメンばかりが話題になる昨今、そばにだって地元の名産を生かした〝ご当地そば〟があるのだと強く言いたいところです。

〈信号機みたい？　そばの色あれこれ〉

そばのバリエーションは大きく分けて3つあると思います。まず、そばを打つときに、そば粉にご当地ならではの食材を練り込んだもの、次に、そばに乗せるタネに郷土色があるもの、最後に提供の仕方（切り方も含む）による違いです。

練り込むと言えば、抹茶を練り込んだ京都の茶そばが有名ですが、山形県の紅花そばは紅花の色素を生地に練り込み、見事なピンク色をしています。漢方薬や食品色素として使われる紅花は、山形県の県花なのだそうです。

北海道・釧路のそばは、いつも新そばのような緑色をしています。これはクロレラが練り込んであるためです。明治時代からつくられていたそうで、もともとは神田藪が発祥（色だけでも新そばのように見せようとつくったと言われています）でしたが、

神田藪がそばを仕入れていた釧路が逆輸入、緑のそばを打ち始めました。

〔土地ごとの特色を生かした郷土のそば〕

長野県のすんきそばは、すんきという酸味の強い漬物を乗せたご当地そばです。すんきの漬物は乳酸菌が多く、健康食として注目されています。

栃木県は、地元の乳茸《ちたけ》というキノコを使った、ちたけそばが有名です。茄子と一緒に油で炒めてそばに乗せる夏の名物です。なお鹿沼市には名物ニラそばがあり、もりそばにたっぷりの茹でたニラを混ぜて食べます。

山口県の瓦そばは、焼いた瓦に乗せた茶そばが出てきます。上には錦糸卵や煮付けた牛肉が散らされ、色鮮やかです。焼けた茶そばがおいしいそうです。

岩手県のひきなそばは、切り干し大根を練り込んだもので、飢饉のときに少しでも量を増やそうとした名残りです。

ご当地名物には、このようにその土地の歴史や文化が刻み込まれているのです。

幸せはソバにある——土地のものは土地で活きる

47 ❖ 沖縄そばは、そばなのか？ 論争

沖縄そばは、一見、そばには見えません。チャンポンめんか、細うどんに似ていますが、そのルーツはどこにあるのでしょう？

〔沖縄〝そば〟は中華そば？〕

沖縄はかつては琉球王国として独立し、中国と盛んに貿易を行っていました。4〜500年前に中華そばが伝えられ、それが沖縄で独自に進化したものが沖縄そばです。当時は、沖縄で小麦を栽培する技術がなく、非常に高価で、貴族だけの食べ物でした。

現在の沖縄そばが生まれたのは、明治時代の中期です。沖縄に来た中国人が中華そば店を始め、そこで学んだ地元の人が独立、少ない材料をやりくりしてつくったのが沖縄そばでした。当時はかん水がなく、木の灰を使ってラーメンのようにめんを縮れさせていたそうです。沖縄そばのめんが、中華そばのように黄色く縮れて独特の風味があるのは、中華めんと同じつくり方をするからです。ただし切る幅が広く、ラーメンよりも細うどんに近い太さですね。

〔沖縄そば禁止命令〕

１９７２年に沖縄がアメリカから日本へ返還されると、その４年後、沖縄そばに問題が起きました。公正取引委員会から、〝沖縄そば〟という名称は使えないという命令が来たのです。「生めん類の表示に関する公正競争規約」の規定では、そばと名が付く製品には、３割以上そばを含む必要があるためでした。

小麦製品業者の集まりだった沖縄生麺協同組合は、沖縄そばが「沖縄風中華めん」と呼ばれることに危機感を感じ、公正取引委員会と交渉を始めます。

１９７８年10月17日、紆余曲折を経て「本場沖縄そば」が認証され、沖縄そばの名称を利用できるようになりました。

沖縄そばも最近は担々麺風やトマトをスープに入れるなど新しいスタイルが登場、具に沖縄名物の島豆腐や海ブドウを使ったりする店も現れました。戦前からかたくなにスタイルを変えなかった沖縄そばにも、時代の風が吹いてきたようです。

幸せはソバにある――変わらないものから、変わることを学ぶ

48 ❖ そばの食べ方、いろいろ料理

そばは、お菓子に使ったり料理に使うなどの方法で食べられてきました。日本各地にある、そば切り以外のそばの食べ方をご紹介しましょう。

〔そば粉のお菓子〕

九州にはそば粉を使ったお菓子、「そばぼうろ」があります。ポルトガルから伝わったお菓子（ポルトガル語でお菓子のことをボーロと呼びます）で、小麦粉、そば粉、鶏卵を練って焼きます。同じ焼き菓子で京都には「そば松葉」があります。

福島県の「はっとう」は、そば粉ともち米を練ってひし形に切り、〝えごま〟や、きな粉をつけて食べるそうです。**あまりのおいしさに、役人が「祭りの日以外につくったらご法度だ！」と言ったから、「はっとう」だとか。**

長野県のまんじゅうは、皮にそば粉を練って使う「そばまんじゅう」が一般的だそうです。長野と言えば野沢菜や地元の野菜を包んで焼く「おやき」が名物ですが、皮に小麦粉だけではなく、そば粉を混ぜて使う店も少なくないそうです。

〔そば焼きって何？〕

焼きそばは、蒸した中華めんを焼いてソースを絡めたものですよね。アレンジはいろいろあるでしょうが、基本は中華めんを炒めたものです。では「そば焼き」は？
焼きうどんがあるのだから、そばを焼いてもいいだろうと、できたのが「そば焼き」。名前が焼きそばでは客が混乱するので、「そば焼き」です。

岡山県井原市の『備中井原和そば焼き』は、地元の鶏肉ときんぴらごぼうを日本そばと一緒に出汁をかけて蒸し焼きにしたもの。あっさりした味のそば焼きです。

神戸の「そば焼き」は神戸・新開地の食堂『トシヤ』（残念ながら２０１７年に閉店）が始めた料理で、日本そばをすき焼きの割り下とウスターソースで味付けしたもので、色は真っ黒。甘めの味付けがご飯のおかずにいいそうです。

シャリの代わりに、そばで具材を巻いたそばの巻き寿司や、日本酒にピッタリのそば味噌、そばがきを団子にして汁物や鍋に入れたり、**そばの食べ方はさまざまです。**

幸せはソバにある——常識に縛られないと新しい世界に出会うことができる

49 ❖ そばに合うのはそば焼酎

そばの実を発酵させてつくったそば焼酎は、1973年に誕生した比較的新しい焼酎ですが、今では宮崎県を代表するお酒になりました。

〔そば焼酎の始祖『そば焼酎雲海』〕

宮崎県五ヶ瀬地方はそばの産地です。本社が五ヶ瀬にある雲海酒造が、地元の特産品であるそばを使ってつくった焼酎が『そば焼酎雲海』。そばの実を発酵させますが、そばの実は麹菌が育ちにくい（蒸したそばの実は表面がネバネバし過ぎて、麹菌が繁殖しにくいのだそうです）ため、芋などに比べるとそばは発酵しにくい特徴があります。そのため、小麦や米を加えて発酵を促します。

その雲海酒造が、そば焼酎の最上級品として、ウイスキーのようにオーク樽に焼酎を入れ、トンネルの中（温度変化が小さいので、酒を寝かせるのによく使われます）で長期熟成した『マヤンの呟き』を売り出しました。２０２２年の『東京ウイスキー＆スピリッツコンペティション（ＴＷＳＣ）２０２２』の焼酎部門で最高金賞を受賞した逸品です。度数は38度とウイスキー並みだそう。お値段も焼酎としては高めの参考小売価格３０００円です。一度は飲んでみたいですね。

〈焼酎をそば湯やそば茶で割る〉

そば屋では、焼酎をそば湯で割る人がいらっしゃいます。そば茶割を出す店もありますね。そばとそば湯割りの相性が良いのは、うま味が関係しています。

食事と酒の相性は、うま味の相乗効果で決まります。うま味成分のグルタミン酸とイノシン酸を合わせると、うま味は7～8倍になります。お酒に含まれているアミノ酸と食べ物のアミノ酸が互いに高め合うとおいしくなるわけです。

そばはアミノ酸が多く、つけ汁のカツオ節＝イノシン酸や、昆布＝グルタミン酸と相乗効果が起こります。しかし焼酎は蒸留するため、アミノ酸はほとんど残っていません。そこで、そば湯やそば茶で割ることで、アミノ酸が加わり、そばとの相性が格段に良くなるのです。

幸せはソバにある——足りない物を足すことで、物事の価値は上がる

50 ❖ そばはヴィーガンにも人気

全国に広まったそばは、最近はヴィーガン（完全菜食主義者）に人気だそうです。たしかにそばは野菜料理ではありますね。

〔出汁も野菜でとるヴィーガンそば〕

海外から来日する人たちの中にはヴィーガンも多く、困るのが食事です。日本は欧米よりはるかに肉を使わず、ヘルシーな料理が多くありますが、それでも完全な菜食主義の人には食べられない食事ばかり。そばも、ヴィーガンの定義を知らないと菜食だから食べられるだろうと思いますが、つけ汁が問題です。**ヴィーガンは、カツオ節がダメなのです。**

日本には精進料理があり、肉食を禁じられた僧侶は植物性の食べ物だけで生活しました。精進料理の店は、ヴィーガンの強い味方です。精進料理ではそばの出汁は昆布のみです。かけそばにするときはキノコを加えることでうま味を補います。

醤油が普及する前のそばは、味噌のたまりと大根のおろし汁を合わせて、つけ汁にしていました。そのスタイルのつけ汁を出している店があり、ヴィーガン向けです。

そばはグルテンフリー食材

ヴィーガンの方は、グルテンを含まない食べ物にもこだわります。グルテンは小麦粉などに含まれる粘り気の成分で、パンがふっくらするのはグルテンのおかげです。

しかしグルテンはセリアック病の原因物質です。セリアック病はグルテンが腸の細胞を壊し、腹痛や倦怠感などを引き起こす病気です。

セリアック病患者はグルテンフリー、つまり小麦粉をとらない生活が当たり前なのですが、一般の人でもグルテンが健康に悪影響だと考える人たちがいて、グルテンフリーを実践しています。

その人たちが言うには「小麦を食べているせいで、みんな少しだけセリアック病になっている。倦怠感や疲労感はグルテンフリーの食生活に切り換えることで解決される」。なるほど、十割そばの新たな健康効果ですね。

幸せはソバにある——自分では気づかない長所を、他人に活かしてもらう

51 ❖ そばの出汁の秘密

そばの出汁はカツオ節だけと江戸っ子は言いそうですが、土地によってそばの出汁に使われる材料は変わります。

〔九州はそばもあご出汁〕

九州のあご出汁人気は、今や全国区ですね。トビウオを煮たり焼いたりしてから乾燥させて、出汁をとるあご出汁は、九州人の魂の味。雑煮もおでんもうどんの汁も、もちろんそばつゆも、すべてあご出汁です。

いりこ出汁を使うのは島根県の出雲そば。小さなお椀にひと口ふた口の田舎そばが入って、それがいくつも出てきます。同じく島根県の隠岐島は、サバで出汁をとります。サバを焼き、身をほぐして煮て、出汁をとるのです。

静岡県御殿場市では、「御厨そば」といい、そばに鶏ガラで出汁をとったそばつゆをかけて食べました。煮たニンジンやシイタケを具にした華やかなそばです。

こうした出汁は、それだけで使うことは珍しく、昆布とカツオ節、昆布といりこ出汁といったように組み合わせて使われます。

〔うま味の不思議〕

出汁のうま味成分は、昆布のグルタミン酸、カツオ節のイノシン酸、シイタケのグアニル酸、貝のコハク酸といったように、いくつも種類があり、組み合わせて使うことでうま味がはるかに増します。

日本の場合、昆布とカツオ節の組み合わせが基本ですが、海外では昆布の代わりにトマトやチーズ、根菜類、カツオ節の代わりに肉の出汁が使われます。トマトやチーズは、昆布に含まれるグルタミン酸の塊なのです。意外ですね。

食材にはさまざまなアミノ酸が含まれているので、組み合わせによってうま味は変化します。同じ魚の出汁でも、カツオ出汁とあご出汁では味が大きく違うように、食材の組み合わせによって出汁の味は変わります。店でも、スタッフの組み合わせがうまく行くとびっくりするほどスムースに店が回ります。何事にも相性があるのです。

幸せはソバにある――人もうま味も組み合わせで何倍の力を発揮する

52 ❖ そばのトッピングいろいろ

そばは何と一緒に食べますか？　卵に天かす、天ぷらにとろろ、山菜、鴨南蛮あたりが定番でしょうか。他にはどんなものがあるのか、そばの具材を見てみましょう。

〔東京オリジナルのコロッケそば〕

立ち食いそばのチェーンが全国に広がったことで、全国区になったコロッケそばですが、元は東京ローカルな食べ物でした。銀座にある明治18年創業の老舗『そば所・よし田』がその発祥の店です。コロッケといえば、ジャガイモとひき肉だと思いますが、**『そば所・よし田』のコロッケそばのコロッケは、鶏肉とすった山芋と卵を練って油で揚げたものです。**揚げたつくねのようなコロッケで明治の味を伝えています。

東京ローカルでは、春菊天も他では見ません。正確には東京の立ち食いそば以外では、見たことがありません。誰が始めたのでしょうか。青汁ではありませんが、野菜が足りないときに一品足すと、健康によさそうな気がします。

最近、夏に流行しているのが、すだちそばです。薄切りにしたすだちをどんぶり一杯に浮かべた、目にも涼し気な一品です。見た目から酸っぱそうですが、全然酸っぱくなく、すだちの香りが素晴らしく広がります。こちらは東京・東中野の『手打ちそば・睦』が１９９９年に売り出したのが最初だそうです。

ルール無用の立ち食いそば

昔ながらにこだわるそば専門店に比べ、立ち食いそば屋は何でも乗せます。

大阪『若菜そば・阪急十三店』は、そばにかき氷を乗せた「かき氷そば」やフライドポテトを乗せた「ポテそば」、おでんを乗せた「おでんそば」などフリーダムなそばで知られています。そばに乗せてはいけないものは、実はないのかもしれません。

立ち食いそばのチェーン店、東京の『富士そば』も負けていません。２０２１年に発売しようとしたのが「トーストそば」。そのままです。そばの上にトーストが乗っています。あまりのビジュアルが大反響で、コロナ下で人が集まり過ぎて危険という理由で発売は延期されました。落ち着いたら、ぜひ販売していただきたいですね。

幸せはソバにある――時には型破りも大切

53 ❖ 新そばの魅力

新そばが出回るのは秋です。新そばはミントのようなさわやかな香りと清涼な味わいがあります。

〔新そばの季節は夏と秋〕

そばの色は茶色と紫色の中間ぐらいの色が普通ですが、新そばは薄緑色をしています。まだ青いそばの実を挽いているので、麺も薄緑色になるのです。香りはさわやかで、秋だけの贅沢です。

そばは生育が早く、種まきから収穫まで3ヶ月しかかかりません。理屈では厳冬期を除いて年に3回は収穫できるはずですが、実際には秋のみが収穫のシーズンでした。これはそばの生育に適した気候が、最高気温が25度以下、昼と夜の気温差が10度以上のためで、ぴったり一致するのが、高原の夏です。

現在は品種改良により、3～5月の春撒きで夏に収穫できるそばもつくられています。秋に収穫するそばの実と区別するため、「夏新そば」と呼ばれています。

新そばの薄緑色は、時間とともに酸化し、茶色へと変色していきます。

〔江戸っ子は初物好き〕

新そば人気には、そのおいしさに加えて、江戸町民の初物好きも影響しています。

町民の狂歌を集めた柳多留（今でいうサラリーマン川柳ですね）にも、

新そばに小判を崩すひとさかり

とあります。1両は今の10万円ぐらい、そばは一杯３００円ぐらいです。今のようにＡＴＭも銀行もありませんから、お金を崩すだけでひと騒動という歌です。

江戸町民の新しいもの好きは、新物は縁起がいい（食べれば寿命が75日伸びると言われました）上に、将軍家にも献上されたためです。無理してでも初物を買い、将軍と同じカツオを食べた、そばをたぐったと周りに自慢したかったのでしょうね。

映えるからと飲食店に並び、ＳＮＳに画像をアップすることが流行っていますが、あれは現代の初物なんでしょうか。

幸せはソバにある――今も昔もみんな新しもの好き

54 ❖ 生そばと乾麺

「生《なま》そば」？「生《き》そば」？　実は、乾麺に対して生のそばを「生《なま》そば」と呼び、そば粉だけで打ったそばを「生《き》そば」と呼ぶのです。

〈生そばは「なま」か「き」か〉

なまのそばが「生そば」なら、乾燥させたそばは何と呼ぶでしょうか？「干しそば」です。

そばの種類と名前は、加工方法以外でも、使う粉によっても変わります。

そばは固い外皮の内側に、薄皮に包まれた胚乳があります。胚乳は三層構造になっていて、中心に花粉と子葉があり、内側ほど組織が白くやわらかくなっています。

未加工のそばの実のことを「玄そば」と呼びます。そばを粉にするときは、「玄そば」から食べられない外皮を脱穀してから、中の実を石臼で挽きます。なお一部の外の皮を残したものを「挽き割り」、外皮を完全に除いたものを「丸抜き」と呼びます。

そばの実を挽くと軽く細かく潰れた部分から順に出てきます。最初は中心部のやわらかい部分からできる一番粉、次に出てくるのが真ん中の層が粉になった二番粉、最も外側で薄皮も含んだものを三番粉と呼びます。一番粉〜三番粉を全部混ぜて打つそばを「挽きぐるみ」と呼びます。

〔「ざる」と「もり」、「せいろ」の違い〕

あとはつなぎですね。つなぎがなければ十割そばか生そば、小麦や山芋などのつなぎが二割なら二八そば、一割なら九割そばです。

ちなみに「ざる」と「もり」と「せいろ」の違いはおわかりですか？　「ざる」は、**そばがざるに乗せてあるから「ざる」、「もり」はそばが盛ってあるから「もり」です。**そばを深めの器に入れてつゆをかけた「ぶっかけ」と区別するため、「もり」と呼ばれたそうです。そして「せいろ」はそばをせいろの上に乗せたからです。

つまり、すべて中身はもりそばというわけです。ただし高級感を出すために、海苔を散らしたもりそばを「ざる」と呼ぶことがあります。

幸せはソバにある——似たようなものでも、ちゃんと違いはある

55 ❖「ひねそば」を知っていますか？

「ひねそば」は1年前の新そばの残り。新米に対しての古米のように、新そばに対して古いそばの「ひねそば」です。この「ひねそば」を好む人もいます。

〈熟成そばの世界〉

一般的には香りも飛んでおいしくないとされる「ひねそば」ですが、実は今、注目されています。

そばは、フレッシュなうちがおいしい。そんなこれまでの常識を覆したのが東京・神田の『眠庵』です。古米の保管技術を応用して、玄そばの保存を始めたのが最初なのだそうです。

同店では「ひねそば」を「熟成そば」という名前で扱っており（店舗では販売しておらず、イベント等で振る舞っているそうです）、「熟成そば」という名前はそば業界に知られています。

そばの産地や品種によって、短期間で味が抜けてしまうものもあれば、独特の風味や甘味が増すものなどさまざま。多くのそばは３年間はおいしさを保ち、中には10年を越えて保存しているものもあるそうです。

〔熟成によって増すうま味〕

では実際にそばを熟成させると、そばの味は変わるのでしょうか。成分の分析をすると、「熟成そば」は普通のそばに比べてうま味成分が増しているそうです。時間が経つことで、そばに含まれるたんぱく質が分解して、アミノ酸に変わり、うま味が増したのです。これは魚などの熟成にもみられる、うま味の向上と同じです。

「熟成そば」には新そばの持つさわやかな風味はありませんが、代わりに独特の香りと増したうま味がセールスポイントになっています。

打ったそばも、１日寝かせた方がおいしいという意見があり、挽き立て、打ちたて、茹でたての三立てがおいしさのポイントと言われてきたそばですが、令和からは「そばは寝かせた方がうまい」に変わるかもしれません。

幸せはソバにある——そばも人も、じっくりと待つ時間が必要

56 ❖ 世界中にあるご当地そば料理

そばを食べる国は世界中にあります。有名なところでは、フランスの「ガレット」ですね。「クレープ」のようにそば粉を焼いて食べる昼食の定番です。

〈世界のそば料理あれこれ〉

世界にはさまざまなそば料理があります。『そば学大全』(保野敏子／講談社学術文庫)によると、ロシアで一番食べられているのが「カーシャ(そば粥)」です。そばをブイヨンで煮て、食べるときに卵を落とします。粥と訳していますが、実際はおじやのように、汁気はあまりない食べ物だそうです。キャビアを乗せて食べるミニパンケーキの「ブリーニ」もそば粉でつくります。

スロベニアには真っ黒なそば粉のパンがあり、イタリアではピザ生地にそば粉を混ぜたり、粉をお湯で練って食べる、日本のそばがきのような「ポレンタ」という料理があります。

フランスでは、そば粉のクレープにガレット(厚手のクレープでお好み焼き感覚)、ペニエ（そば粉のフリッター）などが食べられています。日本でも江戸時代まで白米がぜいたく品でしたが、フランスでも小麦粉１００パーセントの白いパンはなかなか手が出ない高級品で、そば粉のガレットは庶民の食べ物として普及しました。

〔実は少ない国産そば粉〕

日本はそば粉を世界中から輸入しています。中国産が一番多く、日本のそば粉の８割がメイドインチャイナ。残り１割がロシアやアメリカからの輸入になります。スーパーで売られている干しそばには、国産そば粉使用と書かれているものがありますが、わざわざ書くほど国産そば粉の流通量は少ないわけです。

中国でもそばは麺料理に使われます。日本はそばを包丁で細く切って麺にしますが、中国では小さな穴がたくさん開いた容器に生地を入れ、押し出すのが一般的です。パスタと同じ方式ですね。涼片という半透明のデンプンで出来た麺は、小麦粉が使われることが多いのですが、地域によってはそば粉でつくるそうです。

幸せはソバにある――世界から学ぶ、新しい発想のヒント

57 ❖ 冷麺はそば？

焼き肉の締めには冷麺という人が多いと思います。北朝鮮の冷麺はそば粉と緑豆の粉でつくります。日本そばとは見た目も味も似ていませんが、冷麺もそば切りの一種なのです。

〈平壌冷麺と咸興冷麺〉

『そば学大全』によると、朝鮮半島の麺は大きく分けて2種類あるそうです。**生地を専用の機械で穴から押し出す「ネンミョン」と、日本のそばと同じく包丁でめんを切る「カルグクス」です。**

「ネンミョン」は冷麺に使われ、北朝鮮の冷麺は肉の透明なスープを冷やして、そば粉と緑豆粉を混ぜたシコシコの麺にかけて食べます。「平壌冷麺《ピョンヤン》」と言われ、日本の冷麺はこのタイプです。

韓国の冷麺は「平壌冷麺」とは少し違います。そば粉に加えるのは緑豆粉ではなく、とうもろこしやジャガイモのデンプンです。麺は平壌冷麺よりも、もちもちつるつるしており、「咸興冷麺《ハムンネンミョン》」と呼ばれます。スープではなく、コチジャンがベースの赤い味噌ダレをからめて食べます。

〔寒い土地で冷たいめんを食べる不思議〕

一方の「カルグクス」はうどんとラーメンの中間のような麺料理です。小麦粉と卵の麺をキジのスープで食べたのが始まりで、日本のラーメンと同じく、さまざまなバリエーションがあります。まれにそば粉を混ぜた麺「マッグクス」を使うこともあるそうです。

朝鮮半島では冷麺が一般的なので、日本のそばは珍しく、「メミルククス（そばのククス）」というと日本のざるそばを指すのだそうです。

冷麺は北朝鮮が発祥で、北は「ネンミョン」、南は「カルグクス」と大別できるのだとか。寒い北で冷麺が発達し、暖かい南で温かい麺料理が広まったのは不思議です。

幸せはソバにある――少しの違いがあっても、皆兄弟

58 ❖ 令和版ニューウェーブそば

２００２年に登場したそば処港屋の『冷たい肉そば』は、江戸時代から続くそばのフレームを打ち破った、まさに現代のそばの誕生でした。

〈今はなき港屋の伝説〉

２０１９年に閉店したそば処港屋（２号店の『港屋２』などフランチャイズ店は営業中）は、日本で一番行列ができるそば屋として知られていました。

名物の『冷たい肉そば』は、肉と薬味を乗せた田舎そばを、ラー油入りのつゆで食べる画期的な味のそばです。そばを覆い尽くす肉のボリュームには圧倒されました。

そば処港屋の掟破りは、次々にインスパイア系の店を生み、そばにラー油という新しいスタイルを広めていきました。

では『冷たい肉そば』に続く新しいそばは生まれるのでしょうか？

そのキーワードは〝健康〟です。たんぱく質豊富で、血管を強化する作用のルチンやビタミン類を含み、消化に良い反面、血糖値の上昇が遅いため、意外と腹持ちがいい。

最近はダイエット食や健康食として、そばが捉え直されています。

〈健康をキーワードに新しいそばが次々に誕生〉

２０００年ごろから健康食として注目され始めた「韃靼《だったん》そば」は、ヒマラヤ高原や中央アジアの高地で育つそばです。苦そばと呼ばれ、癖のある苦味から日本では敬遠されてきました。ところが「韃靼そば」に含まれるルチンは一般的なそばの１２０倍！ 日本の企業が特許技術で苦味を抜き、製品化されています。

ダイエットで注目されているのが「そば米」です。そばの実の外皮を取り除いた丸抜きを煮て乾燥させたもので、米の代わりに炊いて食べたり、雑炊などにして食べると、高たんぱく・低カロリーの主食となり、ダイエット食にぴったりなのです。

最近は、担々麺をオマージュした担々麺風そばを出す店が増えています。ここでもキーワードは健康。豆乳を使うことでヘルシーかつ濃厚な味わいを目指しています。

健康をテーマに、これからどんなそばが誕生するのか、楽しみですね。

幸せはソバにある――ビジネスは大胆な発想から生まれる

59 ❖ そばの味、生かすも殺すも薬味次第

ゴマ、のり、ネギ、うずらたまご、明日葉、大葉、ゆず、だいこん、みょうが、一味唐辛子、七味唐辛子……そばには実に多くの薬味が使われます。

〈王道のわさびとねぎ〉

寛延４年（１７５２年）に刊行された「蕎麦全書」には、そばの薬味について事細かに説明されています。

同書を見てみると「薬味」は「役味」と書かれています。「役味」ということは、名前からすれば味のお目付け役、そばの味を決める重要なポジションという意味だったのでしょう。

同書によると、もともと薬味として使われていたのは、辛い大根の汁でした。使う大根は、赤山大根や鼠大根が良いのだそうです。そして大根の絞り汁がないときに、わさびを使うようにと書いてあります。あくまで大根ありきであり、わさびは大根の代用品だったのです。

〈さまざまな薬味の魅力〉

薬味として、他には海苔やクルミ、梅干しが挙げられています。梅干しは「今余り用る人なし」（『蕎麦全集』より）とあり、本が出た当時にはすでに、梅干しを蕎麦に使う人はいなくなっていたようです。醤油が広まる前は、酒と梅干を合わせて調味料とした煎り酒が使われていたので、梅干を薬味に使うというのは、その名残りでしょうか。

クルミは「胡桃を付て蕎麦の間に食すれば、腹をすかしてよし」とあり、そばを食べながらクルミをかじったということでしょうか。クルミは少し苦味があるので、箸休めに舌の味が変わっていいかもしれません。

当時から、ねぎは定番の薬味だったそうです。最近は、刻んだトマトやしそをそばに混ぜてサラダ感覚で食べたり、キムチと食べたりと、アレンジも増えています。

海外でも「ＳＯＢＡ」は人気です。世界の人が地元の食材を薬味にして、新しいハーブやスパイスを使った「ＳＯＢＡ」が生まれることでしょう。

幸せはソバにある――時代や場所で、伝統は変化していくもの

60 ❖「しっぽくそば」をご存じですか？

名前は知っていても、どんな料理か知らないことがあるでしょう。「しっぽくそば」や「おかめそば」ってどんなそばかご存じですか？

〔「しっぽくそば」のルーツは長崎の料理〕

時代劇などで名前はよく聞く「しっぽくそば」ですが、実際に食べた人は少ないかもしれません。「しっぽく」は「卓袱」と書き、ひとつの食卓を囲んで食べることを言います。

長崎の卓袱料理は、ひとつの食卓に大皿に盛ったごちそうを順番に出し、それを小皿に取り分けて食べます。貿易都市の長崎らしく、刺身や煮物とともに、パイ生地を使った和風パイの「パスティ」やカステラの原型である「カスドース」、エビのすり身をパンで挟んで揚げた「ハトシ」など和洋中の交じりあった不思議な料理が並びます。**和と中華と阿蘭陀の料理ということで、「和華蘭《わからん》料理」と呼ばれたとも。**確かに、どこの料理なのか〝わからん〟です。

卓袱料理は江戸でも流行し、それを模して生まれたのが「しっぽくそば」でした。卓袱料理の中に、そうめんの上にさまざまな具材を乗せた料理があるので、それを真似て、そばに鶏肉やかまぼこ、シイタケ、三つ葉などをたっぷり乗せたものです。

〔江戸時代も映えは大事？〕

「おかめそば」も、名前は知っているものの、食べたことはないという人が多いのでは？「おかめそば」はその名の通り、おかめ・ひょっとこのおかめを模して、かけそばの上にかまぼこで目を、三つ葉などで団子鼻を、卵焼きやシイタケで口を表した、キャラ弁ならぬキャラそばです（使う材料は店によって変わります）。「おかめそば」は縁起がいいと大人気。今も昔も、映える食べ物が好きな日本人です。

もうひとつ、「花巻そば」も、あまり店で頼まれることがないメニューです。かけそばに海苔をどっさり乗せたもので、海苔の味を楽しむそばです。ぜひ、いろいろなそばを試してほしいですね。

幸せはソバにある――ヒットさせるには、流行に乗った、映える商品を

61 ❖「かえし」のこだわり

そばつゆで「かえし」とよく言いますが、なぜ醤油と砂糖を混ぜたものを「かえし」と呼ぶのでしょうか。何を返すのでしょう?

〔「かえし」は「煮返し」〕

そばのつゆは、「かえし」と出汁汁を合わせたものです。「かえし」とは「煮返し」の略で、「煮返す」とは煮直すことです。「かえし」は醤油と砂糖、みりんなどを一度煮てから寝かせ、出汁汁と合わせてもう一度煮る=煮返すので、「かえし」というのです。

「かえし」を寝かす時間は店によってまちまちですが、1週間から長いと1ヶ月以上という店もあります。一度に材料を全部混ぜて煮ても味に変わりがなさそうですが、醤油と他の材料の味が馴染むのには時間がかかります。混ぜてすぐは味に角があり、醤油と砂糖やみりんの甘味がバラバラです。これがなじむのには最低でも1週間、1ヶ月以上かけるという店があるのもわかります。

「かえし」は煮立てると風味が飛んでしまうので、煮立たせないように、湯煎するなど店ごとの工夫があります。ラーメンの場合もタレのことを「かえし」と呼びますが、そばの「かえし」とは別物です。一般的には、ラーメンのスープはチャーシューを煮たときの煮汁をスープで割って出すので、チャーシューの汁を指します。

〈出汁の味を、出汁巻き卵で堪能〉

そばつゆの作り方には店によって技があります。ですが、基本は厚く削ったカツオ節と良い醤油、それに合わせて昆布やシイタケを加えます。出汁をぜいたくに使わないとおいしくならないため、そばつゆの出汁には、ビックリするほどの量のカツオ節が使われます。

このおいしい出汁をそばだけで終わらせるのはもったいない！　出汁巻き卵や焼き鳥をそば前につまみましょう。居酒屋や焼鳥屋で味わえない、濃厚な出汁味が堪能できます。

幸せはソバにある——いい仕事は、手間と時間に比例する

62 ❖ 鴨南蛮はそば界の大発明

鴨南蛮は冬のそばの代名詞です。藤沢にある『元祖・鴨南ばん本家』によると、鴨南蛮が生まれたのは江戸時代文化年間（１８０４〜１８１８年）のことだそうです。

〔「鴨南蛮」の「南蛮」の意味は？〕

熱いそばつゆに鴨肉が浮かぶ鴨南蛮。『元祖・鴨南ばん本家』は現在の店主で８代目にあたるのだそうです。すごい老舗です。

創業者の笹屋治兵衛が長崎の南蛮煮（揚げた肉や野菜を煮たものらしいです）をヒントに、かけそばに鴨肉を入れることを思いつきました。

別の説として、**ねぎを南蛮と呼び、鴨とねぎ、つまり鴨と南蛮を煮たから鴨南蛮だと**か。カレーそばのことを「カレー南蛮そば」と言ったりしますが、ということは、あれはカレーとねぎが入っているからでしょうか。実は鴨南蛮そば、もしくは鳥南蛮そばにカレー粉を入れたのがカレーそばの始まりで、だから「カレー南蛮」と呼ばれるという説もあります。食のルーツ探しは面白いですね。

〔元祖の店で、オリジナルを味わう〕

『元祖・鴨南ばん本家』では、現在も笹屋治兵衛のつくった鴨南蛮を出しています。同店のメニューによると「真鴨肉三枚とたたき骨二本に短冊に切った長ねぎを入れ、『鴨』と書かれた漆塗りの蓋」をして出されたそうです。高級料理の雰囲気ですね。

当時は真鴨を使っていたので、冬しか出せませんでしたが、時代が下ると一年中流通している合鴨肉が使われるようになりました。現在、鴨南蛮として出されている肉は、断りがない限り、合鴨が使われています。

夏場の「鴨せいろ」は、冷たいそばを熱いそばつゆで食べる、ラーメンでいうつけめんスタイル。もちろん話としては逆で、鴨せいろの方が先で、鴨せいろのスタイルでラーメンのつけめんは食べられているわけです。

鴨肉が合鴨になり、夏場でも出せるようになってから、昭和になり夏向けにつくられたのが「鴨せいろ」だそうです。

幸せはソバにある――成功したアイデアを時代に合わせて変えていく

63 ❖「うちのそばは水だけで食ってくれ」

そばを水だけで食べるとそばの味がわかると言います。ちょっと通な雰囲気がありますが、やってみると意外とうまいんです。

〈水と塩で食べるそば〉

つゆをつけず、そばを水と塩でたべる「水そば」を出す店があります。そば本来の味がわかると言われますが、事実です。**つゆの味で隠されがちなそば本来の甘味や香りが表に出てきます。**もちろんそばが良くなくてはいけませんし、何より水です。どれほどおいしいそばの実で打ったそばでも、カルキ臭の残った水道水では台無しです。

私が初めて水そばを食べたのは、修行先の店でのことでした。そば打ちに使う井戸水と一緒に出されたそばを、半信半疑で食べたのですが、「水そば」で食べるとそばの粉の違いがよくわかるんですね。

「石はら」でも、そばを塩で食べ比べるメニューを出しています。**産地の違いやひねぐあいの違いが、水と塩で食べると本当によくわかるのです。**

〔究極のそばとは〕

そばのおいしさは表現しにくいと言われます。つゆのおいしさはわかりますが、そば自体のおいしさを表現するのは難しいと思いませんか？

そばのおいしさは香りとのど越しと言います。そうは言っても、そばの香りはほのかですし、飲み物でもないそばののど越しとは何でしょう？

実は、通の人は本当にそばを噛みません。そのまま飲み込んでしまうんです。だからのど越しなんです。苦しくなりそうですが、そばは消化がいい食べ物なので、大丈夫です。

つまりそばとは、舌ではなく鼻と喉をメインで味わう料理であり、鼻と喉をもっとも満足させるそばがおいしいそばということになります。

手前味噌になりますが、「石はら」のそばも、ぜひ鼻と喉で味わってみてください。きっとそばの美味しさをわかっていただけると思います。

幸せはソバにある――意識高い食べ方にも、納得する学びがある

64 ❖ そば屋のカレーがおいしいわけ

「そば屋のカレーがおいしい」とはよく聞く話です。カレー専門店とはちょっと違うそば屋のカレーは、なぜおいしいのでしょうか？

〔そば屋のカレー南蛮〕

多くのそば屋には、カレーライスならぬカレー丼がメニューにあります。カレー丼より先にあったのがカレー南蛮。そばのかけ汁をカレー味にしたものです。もともとは鴨南蛮の鴨の代わりに鶏肉を使い、カレー味のそばを出したのが最初だそうです。

そばとカレーを組み合わせるというアイデアは古く、明治時代の終わりに生まれました。当時、業務用食品の卸売問屋を営んでいた杉本商店という会社が、日本人に馴染みのなかったカレーをそばで広めることを思いつき、そばつゆに合ったカレー粉を開発、１９１０年（明治43年）に商標登録しました。

ちなみに初めてのカレー南蛮は、１９０８年（明治41年）に大阪で「東京そば」という名称で売り出したとされ、その流れをくむ「朝松庵」が、東京・中目黒で、東京でのカレー南蛮、カレー丼発祥の店として今も営業中です。

〈カレーライスとカレー丼〉

そば屋のカレーライスであるカレー丼と洋食屋のカレーライスは別物です。

鴨南蛮から生まれたカレー丼は、本来は玉ねぎではなく長ねぎを使います。そばの出汁でカレー粉をのばし、かえしを加えて片栗粉でとろみをつけるのが朝松庵の作り方だそうですが、店によってカレー粉をそばつゆでのばしたり、市販のカレールーを出汁でのばしたものを使うなど、作り方はさまざまです。

そばの出汁がベースとなるカレー丼は、カレーライスとは味も風味も違います。甘味のある独特のおいしさで、カレーライスではなくカレー丼を食べにそば屋に行く人もいらっしゃるでしょう。和洋折衷が生んだ日本オリジナルの味ですね。

そば屋のカツ丼がおいしいと言われますが、こちらもそばつゆ用のぜいたくなダシが使われているからですね。

幸せはソバにある――異質なものの組み合わせから成功が生まれる

65 ❖「うそば」って何？

うどんとそばが合体している？　福井県の製麺所がつくる「うそば」は、めんの表がうどんで裏がそばという不思議な食べ物です。

〔うどんとそばを貼り合わせる？〕

愛知県の『長命うどん』は麺の合い盛りで有名です。「うそ」といえば、うどんとそば、「そ中」はそばと中華麺の合い盛りといった具合です。ところが福井県の製麺所、株式会社ワカサ商事が販売している**「うそば」は合い盛りではありません。本当に、うどんとそばが合体した麺です。**

「うそば」は、うどんとそばが表と裏で貼り合わせてあります。他にはない商品を売りたいとの思いでつくったという「うそば」は、そばとうどんの生地をのばして重ね合わせ、圧着させます。ここに技があるらしく、3倍の手間がかかるのだとか。基本は乾麺で、麺切り後に乾燥させて商品にします。

1986年に販売を始め、2016年には第56回全国観光土産品連盟会長賞を受賞しています。

〈きしめん風から極太まで、そばのいろいろ〉

うどんには、きしめんのように平たい麺や、ほうとうのように太い麺がありますが、そばでは、それほどまでに太い麺や形の違う麺は滅多に目にしません。

しかし、ご当地そばではありませんが、変わった形の麺にチャレンジする店舗はあり、たとえば名古屋の『蕎麦切りふ～助』では「きしそば」という、きしめんタイプの幅広そばを出しているそうです。そば粉入りのきしめんを出す店もあるそうで、さすが、きしめんの本場だけのことはあります。

また、田舎そばは太いものですが、中でも山形県のご当地そばは超極太です。中には幅が1センチもある、うどんよりも太いそばもあるそうです。

そばはすするものですが、さすがにその太さではすすることはできそうにありませんね。一度食べてみたいものです。

幸せはソバにある――他にはない商品は、情熱から生み出される

第5章 ❖

出前そばで改造した ホンダのスーパーカブ

66 ❖ そばかすはなぜ「そば」の「かす」？

そばかすといえば『キャンディキャンディ』が印象的ですが（古いですね）、なぜ「そばかす」と呼ぶのでしょう？

〔「そばかす」が、そばがらに似ているから〕

「そばかす」の由来は、**見た目がそばの実の外皮を剥いて捨てたそばがらと似ているためです。**そばの実のままだと似ていませんが、そばがらを紙の上などに散らすとそっくりです。そしてそばがらはそばのカスですから、「そばかす」というわけです。

漢字では「雀斑」と書きます。スズメの卵は、殻にウズラの卵の斑点模様をもっと細かくして色を薄茶色にしたような模様があり、それがそばかすにそっくりだからです。そばかすの医学名は「雀卵斑《じゃくらんはん》」と言うそうです。

子供のころに多く、大人になると薄くなりますが、完全に消えることはまれで、日焼けをするとすぐに濃くなります。普段はそばかすが目立たない人でも、日焼けをすると急にそばかすが増えることがありますよね。

遺伝的なものなので、なくなるということはなく、気になる人は、日焼け止めや日傘などの紫外線対策をして、濃くならないように注意するしかないようです。

〔そばかすは元気の証？〕

色白重視の昨今、そばかすを気にする人もいるでしょうが、欧米では、そばかすのことを天使のキスと呼び、日に焼けた健康的な肌のイメージです。**フランスではわざわざそばかすのメイクをする人もいるほど、かわいいイメージなのだとか。**

日本だと「かわいい」というより「元気」という印象があります。昔の漫画に出てくる、ちょっとお転婆だけど憎めない感じの女の子は、そばかすの子が多かったような気がするのですが、それは勘違いでしょうか？

「そばかすの語源は、そばのかす」というのは、そば屋としてはちょっと微妙ですが、そばに含まれるルチンには美肌効果があると言われていますから、そばかすが気になる方は、どんどんそばを食べてみる……なんていうのも、いいかもしれませんよ！

幸せはソバにある――マイナスと感じることも、考え方次第でプラスに転じる

67 ❖ そばの花言葉は「懐かしい思い出」

どんな花にも花言葉があります。もちろんそばにもあって、それは、「懐かしい思い出」、「一生懸命」、「誠実」です。

〔そばを食べて故郷を思う〕

そばの花言葉に「懐かしい思い出」が選ばれたのは、そばが田舎の味だからです。都会に出てきた若者が、そばを食べて地元を思い出すわけですね。「一生懸命」、「誠実」はそばがやせた土地でも育つから。寒く乾いた土地でけなげに実をつけるそばは、まさに「一生懸命」で「誠実」です。

花言葉は国によって変わります。**韓国では、そばの花言葉は「恋人」、「愛の約束」です。**永遠に生きるコン・ユが女子高生のキム・ゴウンに魂を救われる韓国ドラマ『トッケビ』にも、一面に咲くそばの花が登場します。ドラマを見た人はわかると思いますが、コン・ユとキム・ゴウンがそばの花の咲く中で会うシーンが何度も出てきます。あれはそばの花の花言葉が「愛の約束」だったからなのです。

〈赤いそばの花が子どもたちの記憶に〉

そばの花は白いというのが常識ですが、ヒマラヤの高地には赤いそばの花が咲いているそうです。１９８７年、当時、信州大学教授だった氏原暉男氏が噂を聞いてヒマラヤへ行き、赤い花のそばを日本に持ち帰りました。そしてタカノ株式会社と共同で、日本でも育つ品種に20年以上をかけて改良、「高嶺ルビー２０１１」を開発します。

長野県箕輪町では「高嶺ルビー２０１１」の栽培をしていて、赤いそばの花が咲く広大な畑は「赤そばの里」と名付けられ、花が咲く9月から10月中旬にかけて、毎年1万人もの人がそばの花を見るために訪れるそうです。

「高嶺ルビー２０１１」で打つそばは、一般的なそばよりも色や香りが濃く、食感に弾力があるのだとか。

これから箕輪町で生まれる子どもたちにとっては、赤いそばが故郷の景色となり味となるのでしょう。

幸せはソバにある――誰しも心の奥には郷里の味がしまわれている

68 ❖ そばのハチミツはどんな味？

「石はら」ではハチミツを売っています。そば屋でハチミツ？　と不思議に思う方もいらっしゃるかもしれませんが、実はこのハチミツ、そばの花のハチミツなのです。

〔そばの花からハチミツ？〕

そばの花のハチミツをご存じない方が多いと思います。恥ずかしながら、そば屋の主人である私も知らず、最近になって初めて食べました。まず驚いたのは、その色です。ハチミツと言えば、金色をしているとばかり思っていましたが、このハチミツは黒に近い褐色をしています。**味も風味も独特で、ややスパイシーな香ばしさがあります。栄養価も異なり、一般のハチミツよりも鉄分が数十倍も多いのだそうです。**

ハチミツは大きく2つに分けられるそうです。1種類の花の蜜だけを集めた単花蜜といろいろな花の蜜が混じった百花蜜です。

日本で養蜂に使うハチは日本固有の日本ミツバチと輸入された西洋ミツバチがいます。西洋ミツバチは一度花を決めると何度でも同じ花から蜜を集める性質があるため、単花蜜を採ることができます。アカシアやレンゲ、クローバーなどが一般的ですね。

一方、日本ミツバチはいろいろな花の蜜を好きに集めてくるため、花の蜜が混じった百花蜜になります（西洋ミツバチでも場所によって百花蜜になったり、養蜂家が単花蜜を合わせて百花蜜をつくることもあります）。

〈そば畑農家を応援したい〉

そば業界は、そば畑の後継者不足が深刻です。そば畑が減れば、風味のいい国産そば粉や新そばの楽しみがなくなってしまうかもしれません。**そこでそば畑と養蜂家が組めば、利益の底上げにつながり、後継者が出てくる可能性もあります。**

「石はら」本店では、Ｍｕｓａｓｈｉ Ｈｏｎｅｙさんのハチミツを販売しています。女性養蜂家が北軽井沢で作っているハチミツで、加熱処理をしておらず、香りの強い生ハチミツです。扱っているのは、アカシヤベースの「ハニーちゃん」と蕎麦のはちみつ「そばっち」の２種類。ご興味ある方はぜひお試しください。

幸せはソバにある――たとえ小さくても可能性があれば、やってみる

69 ❖ そば屋へ婿入りした雷の話

昔話にもそばは登場します。楽しい話から怖い話まで、さまざまな話が伝えられています。

「そばは、花が白く茎が赤いのは、子どもを食べようとした山んばが神様のバチで死んでしまい、その血で染まったから」といったちょっと怖いものから、雷がそば屋を継ぐ楽しい話まで、**そばにまつわる昔話はいくつも残っています。**

〔雷がそば屋に婿入り〕

そば屋へ婿入りした雷の話は、富山県の民話です。あるところに身寄りのない貧しい娘のそば屋がありました。ある雷雨が激しい夜、雷が怖いと娘が震えていると、空から雷様が下りてきて、そばを食べさせろと言います。娘がそばを出すと、一人かと聞かれたので、娘が一人だと答えると、かわいそうだ、俺が婿になってそばを打ってやろうと言います。

こうして雷が婿に入り、そばを打ち始めると、雷様が打つそばは珍しいと大評判、店は繁盛します。その噂を聞きつけたのがお月さまでした。ある夜、空から降りてくるとそばを3杯食べて、30文払って帰っていきました。

〔ケチなお日様とお人よしの雷〕

お月様がそばを食べたと聞き、お日様もそばを食べにやってきます。お日様はなんと30杯もそばを食べ、1文だけ払って帰ろうとしました。驚いたのは雷です。３００文払ってくれと言うと、お日様はこう答えました。

「月が払ったのが30文、ひと月は30日だから、日に1文だろう？」

雷はなるほどと納得し、毎度あり！　とお日様を見送ったそうです。

お人よしにもほどがあります。

でも、雷のそば屋はその後も繁盛したそうなので、お人よしには福が来るということでしょうか。落語の「時そば」のように、そばには数の数え間違いを笑う話が合うのかもしれません。

幸せはソバにある――お人よしには福が舞い込む

70 ❖ 芸能界一のそば好きがつくった究極のそば

芸能界一のそば好きといえば、ロックバンドDEENのボーカル、池森秀一さんでしょう。そば好きが高じて、自身のブランドで、そばの販売も始めていらっしゃいます。

〔そばのレシピ本を出版、そばカフェもオープン！〕

池森さんは、15年間ほぼ毎日、昼にはそばを食べているのだとか。そば屋でもないのに、尋常ではないそば好きだと思います。**元はダイエットのため、朝は野菜ジュース、昼はそば、夜は好きなものを食べるという生活を始めたところ、みるみる体重が落ちた**ため、以来、その食生活が習慣になったそうです。

全国ツアーに出れば、その土地のそば屋に必ず行き、各地のそば屋のデータをインプット。さらに最近は乾麺のそばを使ったレシピ本を出したり、そばカフェ「SOBA CAFE IKEMORI」を出店したりと、アーティストとそば研究家の二足わらじで大活躍です。

「SOBA CAFE IKEMORI」では、もりそばやかけそばといった基本のメニュー以外に、『鶏のトマトチーズつけそば』や『ボロネーゼ和えそば』など池森さん考案のオリジナルそばを食べることができます。

そば好きのためのセレクトショップ「池森そば」も

池森さんが監修したそばを販売しているのがオンラインショップ「池森そば・公式ショップ」です。全国各地の有名そば処にある乾麺メーカーと池森氏がコラボして、こだわりの乾麺を開発しました。最初に池森乾麺専用のレーンで「二八の極み」ができたときは、泣きそうになったとインタビューに答えている池森さん。

池森さんがテレビで乾麺を紹介したために、業界ではそばの乾麺の売り上げが増えているそうです。ものすごい影響力です。

なおテレビで実演し話題になった「革命そば」は、市販のそばつゆに大量のブラックペッパーとかつお節をレンジで加熱して粉末にした魚粉、えごま油を加えたもので、革命的においしいのだとか。興味のある方は、試してみてはいかがでしょう？

幸せはソバにある――好きを極めてビジネスに結びつける

71 ❖ タモリの、なんちゃってアフリカ音楽『ソバヤ SOBAYA』

私の世代にとって、タモリさんは司会者ではなく、深夜の危険な笑いの天才です。そんなタモリさんは、かつて『ソバヤ　SOBAYA』という歌を出していました。

70年代のタモリさんと言えば、深夜番組を総なめにした天才コメディアンでした。イグアナの物まねをする変なおじさんであり、デタラメな外国語をしゃべるコントで有名でした。

〔四カ国語マージャンのタモリ〕

四カ国語マージャンをご存じでしょうか？　1人で雀卓を回りながら、中国人、韓国人、アメリカ人、そして謎の東南アジア人の4人を演じ分けるのですが、しゃべっている言葉と内容は全部デタラメなのに、なぜか本物のように聞こえるのです！

当時は今のように海外旅行は一般的ではありませんでした。コンビニで外国の人が働いている今とは違って、海外の人との距離がずっと遠かったのです。それだけに、デタラメな外国語をしゃべるという、ちょっと差別的でもあるギャグが成り立ったのですね。もちろん今でも面白いのですが、時代が変わり、深夜ラジオで聞いたときの衝撃がもう味わえないのは残念です。

〈フロヤノニカイデ！　ソバヤソバーヤ！〉

タモリさんの外国語ネタのひとつが『ソバヤ　ＳＯＢＡＹＡ』です。アフリカの言葉、たぶんスワヒリ語の真似をした適当な歌詞を、**やたらにちゃんとしたアフリカ音楽のメロディで歌うため、一瞬、カッコいいと思ってしまうほど高い完成度です。**

しかし、聞いていると歌詞のデタラメさは半端ではありません。歌詞の中に、語尾に「ヤ」さえつけばいいだろうと、「トウフヤ」「フロヤ」「ニカイヤ」などがそれっぽく並べ立てられ、しまいには笑います。

『ソバヤ　ＳＯＢＡＹＡ』を聞き、改めて笑いは毒がないと面白くないと思いました。聞いたことのない方は、ネットで検索してください。ツボに入るとたまらなくおかしいです。**やっぱりタモリさん、すごいです。**

幸せはソバにある——天賦の才は時代を超える

72 ❖ そば屋とラーメン屋、始めるならどっちが儲かる？

そば屋を始めるかラーメン屋を始めるか、これから飲食店を始める人は悩むかもしれません。そんなとき、私は断然そば屋をお勧めします。

〔潰れた蕎麦屋はない？〕

ラーメン屋は客単価が安く、せいぜい1500円です。町中華ならともかく、ラーメン専門店では酒を飲む人も少なく、飲んでもせいぜいビール1本程度でしょう。

そば屋は、昔から酒を飲む場所としても利用されています。そのため、つまみや酒で客単価が上がります。ラーメン屋は客回転を上げなければ利益が出ませんが、そば屋は客が長居しても、売り上げが伸び、シビアに客回転を考えずにすみます。

客回転を重視するため、ラーメン店は立地で売り上げが決まる部分がありますが、そば屋は辺鄙な場所にあっても人が来ます。むしろ辺鄙な山奥にあった方が、水がおいしくそばもおいしくなるため、客もそれを当て込んで足を運びます。ここでラーメン屋とは固定費に大きな差が出ます。

昔から「潰れたそば屋はない」と言われますが、それだけ経営しやすい業態だと言えるでしょう。

〔料理の腕とそばの腕〕

でもラーメン屋と違い、居酒屋の要素のあるそば屋は、多種多様なつまみを用意する必要があります。よほどの老舗なら、板わさと天ぷらを出すだけで十分ですが、新規の店舗ではそういうわけにもいきません。ちょっとした小料理屋と変わらない、多彩でおいしいつまみが必要です。

また、そばはできる限り店で自分で打つか、あるいは機械を使うにしても、新鮮なうちに使い切る必要があります。その分だけ料理人の腕に頼る部分が増えます。外注の製麺所から麺が買えるラーメン屋とはそこが違います。

ラーメンブームの今、短期で儲けるならラーメン屋だと思いますが、料理が好きで努力を重ね、長く続けようと思うのであれば、そば屋がおすすめです！

幸せはソバにある——流行りにとらわれず本質を見抜く目を持つ

73 ❖ そばの前にちょっと一杯、「そば前」の魅力

そばがゆで上がるまでの間、ちょっとしたつまみで酒を飲む。そば屋の流儀ですね。そんなつまみを「そば前」と呼びます。

〈基本の「そば前」は板わさ、そば味噌〉

「上酒《じょうしゅ》」という言葉をご存じでしょうか？　江戸時代、酒は地元で作られる「地廻り」と、関西から船で運ばれる「下り酒」があり、「下り酒」の方が高級でした。そば屋は「下り酒」を使う店が多く、そば屋の酒は「上酒」と呼ばれてワンランク上でした。そば屋は良い酒を楽しむ、現代のバーのような場所だったわけです。

酒がおいしいなら、つまみもおいしくなければなりません。

そば前は、軽くさっぱりしたものからしっかりした肴へと食べ進めます。まずはそば味噌と板わさです。そば味噌は、そばの実と味噌、みりん、ネギなどの薬味を練ったもので、香ばしく炙って出されることもあります。

かまぼこを切って、わさび醤油で食べるのが板わさです。かまぼこは板に載ってい

るので、板と呼び、それにわさびなので板わさです。

この2品で、そばに使われるそばの実とわさびの味をたしかめ、この店は期待できる、いやわさびがダメだと、うるさい人は判定を始めるようです。

〔天ぷらと出汁巻きでお腹を落ち着かせる〕

次は出汁巻きや焼き鳥でしょうか。

そば屋は出汁で勝負するところもあり、そばつゆにはぜいたくに出汁を使っています。その出汁を使うので、出汁を使う料理はおすすめです。焼き鳥は串に刺さずに焼いた鳥を出すところもあります。

そして天ぷらですね。天ぷらを食べるタイミングでそばが出されると、ちょうどいい塩梅で食事を終えることができます。

そば前には店のこだわりがあります。時季の刺身や自家製の塩辛にジビエ、鍋料理など店主の心づくしと腕の見せどころです。

幸せはソバにある——昔ながらの流儀にはちゃんとした意味がある

74 ❖ 将軍もそばを食べていた？ そばあれこれ

庶民の食べ物として広まったそば切りは、やがて武家や大名も食べるようになり、将軍家にも、そばが納められるようになります。

〔「切りべら23本」って何？〕

そば人気が高まるにつれ、そば切りにも基準をつくる必要が出てきました。

そばに関する御定法（＝法律）には、切りべら23本とあるそうです。一寸（3・03センチ）を23本に切るという意味で、そばの幅はおよそ1・3ミリになります。これがそばの太さの標準とされ、「中打ち」と呼びました。切りべら15本で「太打ち」、切りべら40本以上が「細打ち」です。切りべら40本となると、そばの幅は0・8ミリ以下という超極細めん。ゆでている途中にめんを切らないようにするのは、大変そうです。

ちなみに、切りべらとは生地を伸ばした厚さよりも切る幅を狭くすることを指します。断面が縦長の長方形になるわけですね。

〔献上そばの正体とは〕

そばが広まると将軍様も食べたくなります。各藩からの献上品が記録された「大成武鑑」によれば、天童織田藩（現在の山形県天童市）から「寒中挽き抜きそば」、信濃国伊那郡高遠藩と信濃国諏訪郡高島藩（現在の長野県）から「寒ざらし蕎麦」など、そばの名産地だった９藩から献上されていたようです。

寒ざらしとは、冬にそばの実を川の水に漬けて冷やしたもので、寒ざらしをするとそばのうま味や甘味が増すと言われています（真偽不明です）。

「献上そば」という呼び名が生まれたのは、大正時代のことです。島根県出雲市にある羽根屋に大正天皇が宿泊された際、そばを召し上がり、そのそばを「献上そば」と名付けたのだそうです。ですから「献上そば」と呼べるのは羽根屋のそばだけということになります。

宮内庁御用達ではないですが、そういうイメージでしょうね。

幸せはソバにある――もとが同じでも、切り口ひとつで味は変化する

75 ❖ 「一鉢二延し三包丁」、そばの専門用語

「一鉢二延し三包丁」とは、そばの作り方のこと。粉をこねて、延ばして切る。中でも一番難しいのがこね方、二番が生地の延ばし、三番目は切り方というわけです。

〔「くくり」「へそ出し」「そば八寸」〕

そばの作り方には、いろいろな用語があります。そば粉に水を入れるのが「水回し」、それをまとめてかたまりにするのが「くくり」、まとめた生地を練って水を馴染ませ、空気を抜くのが「菊もみ」、菊もみがうまくいくと、練った生地のシワが円錐状になります。この形から「へそ出し」と呼ばれます。

生地を丸く延ばすのが「丸出し」、丸くした生地を四角く仕上げていくのが「四つ出し」、1~1・5ミリまで薄く伸ばした生地は、折りたたんで切りやすい幅にします。生地の幅は「そば八寸」といい、25センチほどが良いとされます。

生地は専用のそば切り包丁で切り、一人前ごとに分けて保管＝「生舟」します。

一般的なそば打ちではめん棒は1本ですが、江戸のそば打ちでは、めん棒を3本使

いました。のし棒（約９０センチ）を2本、巻き棒（９０～１２０センチ）を1本です。生地を延ばすときと生地を折りたたむときとで、めん棒の長さを変え、効率よく大量のそばが打てるように工夫した結果です。

〔そばの食器あれこれ〕

「そば屋の湯桶《ゆとう》」という言い回しがあります。そば湯を入れる湯桶は、四角の箱型で、角の部分に注ぎ口が付いています。底に溜まったトロトロの部分も最後までキレイに出す工夫ですが、転じて「人の話に横から口を出す、うるさい人」のことを指します。うまいこと言いますね。

そばの下に敷く竹のすのこは、せいろの名残りですが、水切りにちょうどいい。自宅でそばを食べるときにも、すのこを敷くと見た目が良く水も切れて一石二鳥なのですが、ご家庭の皿は基本的に丸皿なので、業務用の四角いすのこは使いにくい。家庭用として、丸いすのこも売られているので、そちらがおすすめです。

幸せはソバにある――専門用語を知れば、その世界をより深く楽しめる

76 ❖ 現在の出前はピザ、昭和の出前はそば

すっかり廃れてしまいましたが、昭和まで出前と言えばそばでした。当時のそばは時間が経っても伸びづらいので、出前向きだったのです。

〈口ばっかりの「そば屋の出前」〉

出前を頼む昼時は、どこの飲食店も客でいっぱいです。忙しいさなかに、出前がまだ来ないと店に電話がかかってきます。

いつになったら出前を持って来るんだと、待ちくたびれた客はお怒りのご様子。しかし店主は、まだそばをゆでてもいないのに、「あ、出前ね、さっき出ました」と適当な返事をするわけです。だから、口先だけで適当にいい加減なことを言うことを「そば屋の出前」と言いました。昭和の言い回しであり、近所にある食べ物屋といったら、そば屋と中華屋くらいという時代の思い出話ですね。

今や、〝出前〟は〝デリバリー〟と名前を変え、配達されるものもいろいろ。そば屋の出前もあまり目にしなくなりました。

〈出前に特化したスーパーカブ〉

出前が全盛の当時、山のようにそばの箱を積み上げて、片手で自転車に乗っていた出前も、バイクでの配送に代わります。

出前と言えばスーパーカブです。スーパーカブは左手のクラッチ操作が不要で、足で変速するロータリーギアを採用しています。

ホンダのスーパーカブの開発史によると、**故・本田宗一郎氏はスーパーカブを評して「そば屋さんの出前持ちが片手で運転できる」バイクだと言ったそうです。**発売当初のCMでは、右肩に出前を山積みにして運転するそば屋のイメージが使われました（現在なら警察に呼び止められますね）。それくらい運転が簡単で、悪路も平気で走るバイクというわけです。

その後、サスペンションで揺れを抑える出前機が売り出され、ビヨンビヨンと上下に動く出前機を荷台に付けたスーパーカブが街中を走り回りました。

幸せはソバにある――必要とサービス精神は発明の母

77 ❖ 手打ちと機械打ちは何が違う？

そばは、専門店は手打ち、チェーン店は機械打ちのイメージがあります。手打ちの方がおいしい気がしますが、実際にそれほど味に違いがあるのでしょうか？

〔水分が少なくても生地をつくれる機械打ち〕

昔のそば用の製麺機は、お菓子の粉を混ぜる業務用のブレンダーで粉と水を混ぜ、パスタマシンのように生地をシャワーヘッドのように穴の空いたパイプを通して、押し出してつくっていました。そば切りではなく、そば押しですね。

人が生地をまとめるのと異なり、ブレンダーではそば粉に均一に水分が回らず、手打ちと同じ水の量を使うと、生地がゆるくなってしまいます。

しかし、機械打ちは2本のローラーを使って人よりもはるかに高い圧力をかけるので、手打ちとは食感は変わるものの、水分が少なくても生地になります。一方、手打ちの圧力は機械より弱いので、水分が多い生地でなければ延ばせません。

また押し出し式の場合、押し出す先からそのままお湯に落とし、ゆでることができます。機械だけに、完全オートメーションが可能なのです。

〔『機械打ちで十割そばをつくれる』〕

今の製麺機は非常に高性能で、手打ちとほぼ同じ量の水で生地をまとめられるようになりました。

めんが切れやすい十割そばも、機械製めんが可能だというのですから、驚きです。また押し出しではなく、ローラーで生地を延ばした後、押し出しではなく刃を使ってカットする方法もあります。

実は、**そば打ち製めん機は大量に、しかも下手な職人よりもおいしいそばをつくることができます。**また水分を少なくできるので、手打ちをしっかりと熟知したうえでのそばがつくれます。これもおいしいそばづくりの変化かもしれません。

だからかけそばには、機械打ちの方が向いています。機械を使っているからダメだということはないんですね。

幸せはソバにある――適材適所での使い分けが大切

78 ❖ なぜそばは「打つ」というのか

これて延ばして切るそば作り。どこにも「打つ」はないのに、そばは「打つ」と言います。なぜなのでしょう?

〔昔のそばは「打った」?〕

私は今まで、バットでボールを打つように、そばを「打って」いる人は見たことがありません。昔の人は「打って」いたのかというと、どうも違うようです。

料理では、「切る」を「打つ」と呼ぶことがあります。刺身を「打身《うちみ》」、切ったねぎを「打ちねぎ」と呼んだりします。ちょっと怖い呼び方では、「打ち首」がありますね。切り首とは呼びません。同じように、「そば切り」を「そば打ち」と呼ぶようになったのではないかという説です。

中国から製麺技術が伝わったとき、中国で餅を作ることを指す「打餅」、麺を作ることを指す「打麺」という言葉が伝わり、それに合わせて、麺は切るのではなく「打つ」と表現するようになったとの説もあります。

〔「さくら」「きん」の意味は？〕

日本語には、同じ意味でも言い換えたり、呼び方が違うものがあります。「するめ」を「あたりめ」はすぐに思い浮びますね。「おから」は「卯の花」と呼びます。たいていの場合は縁起担ぎで、「するめ」はお金を「する」で、勝負事には縁起悪いからと正反対の意味で「あたりめ」に、「おから」もお金が空になるというので「卯の花」になりました。

業界の符丁もあります。飲食では「勘定」を「お愛想」、「箸」を「お手元」と呼びます。お客様がいないときを「坊主」（儲け＝もう毛がない）と言ったりしますね。そば屋の場合、今は使うことはありませんが、量を少なく頼むときは「さくら」、大盛りは「きん」、そばのことを昔の芸人は「長しゃり」と呼びました。

言葉を言い換えて、縁起を担いだり、仲間内の符丁にしたり、お客様に不快な思いをさせないように気を使ったり、日本語は面白いですね。

幸せはソバにある――言い方ひとつで運が上がったり下がったり

79 ❖ わんこそばの日本一は？

岩手名物わんこそばは、椀に入れたひと口のそばを次から次に食べるお祭りのようなそばです。あの椀で何杯ぐらい食べられるものなのでしょうか？

〔「はい、じゃんじゃん」で食べ進む〕

わんこそばは、主に岩手県盛岡市と花巻市でよく食べられている名物料理です。つゆの入った自分のお椀のそばを食べると、すぐに給仕の人が山積みのお椀から、次のそばを入れます。**お椀のそばは、本当にひと口の量で、15杯でかけそば1杯分の量だそうです。**

「はい、どんどん」「はい、じゃんじゃん」のかけ声に合わせて、リズミカルに食べるのですが、これが早い！　これ以上は無理となったらフタをするんですが、フタをしようとすると次のそばが放り込まれ、なかなかの苦行です。

女性で50杯、男性では70杯は食べるといいますから、普通のそばなら4～5杯は食べることになります。普段であれば、あまり食べない量ですね。

当然、舌も飽きてくるので、ねぎやワサビといった定番の薬味以外にも、塩辛や山菜、とろろなどたくさんの副菜が用意されています。

【日本記録は７００杯！】

ところでこのわんこそば、いったい何杯食べられるものなのでしょうか？ 盛岡市が主催している全日本わんこそば選手権では、15分間で何杯食べられるかを競いますが、２０２２年現在の記録では、２０１８年の第33回大会で鈴木隆将さんが食べた６３２杯が堂々の１位となっています。**時間制限のない記録では、雑誌の企画で、大食いタレントの、もえのあずきさんが７００杯を達成、日本記録とされています。**

わんこそばの始まりは、お殿様が花巻に立ち寄った際においしいそばだと何杯もおかわりをしたことからとか、宴会の締めで出すそばが客が多すぎて間に合わず、小分けで椀に盛って出したことから、などと言われています。どちらにしても、つきっきりで給仕をするスタイルは岩手流のもてなしの心なのでしょうね。

幸せはソバにある――人をもてなす心が名物を生む

80 ❖ 観光地から始まった駅そばの歴史

鉄道の駅に必ずと言っていいほどあるのが立ち食いそば屋です。「駅そば」と呼ばれ、通勤客の強い味方ですが、始まりは軽井沢駅だったとか。

〈碓氷峠が駅そばのルーツ〉

駅そばの始まりは明治時代。1893年に軽井沢駅で地元の旅館がそばを丼に入れて売り始めました。なぜ軽井沢なのかと言えば、現在は廃線となった軽井沢〜横川間に、碓氷峠があったからです。当時の機関車では碓氷峠が越えられず、牽引専用の補助機関車を連結する必要があったのです。

作業が終わるのを駅で待つ乗客相手に、注文を受けてそばをゆで、丼を窓越しに渡していたのだそうです。のんびりした時代ですね。

以来、駅弁の代わりに停車中の駅でそばを食べる習慣が広がります。昭和に入って発泡スチロールの使い捨て容器が登場、駅弁感覚で売り買いされるようになります。しかし車内のポイ捨てが問題になり、1955年ごろに駅構内に駅そばが登場します。

〔１９６０年代にチェーン店が登場〕

時代が下り、１９６０年代に入ると、駅構内だけではなく、駅周辺に店舗を持つ立ち食いそば屋のチェーンがオープンします。品川駅ホームで「駅そばの聖地」と呼ばれる「常磐軒」の開店が１９６４年、よく見る「名代富士そば」が１９６６年、明治時代から続く駅食堂「川村屋」が立ち食いそばに業態を変えたのが１９６９年。高度経済成長期、モーレツ社員には昼飯の時間ももったいなかったのでしょう、さっと食べられる立ち食いそばは大人気となりました。

ちなみに「えきそば」は『まねきのえきそば』で登録商標となっています。姫路のまねき食品が姫路駅で始めた駅そばは、時間が経っても伸びにくいラーメンのめんをそばつゆに入れるという一風変わった食べ物で、姫路っ子のソウルフードです。

コロナの影響で、駅ホームの駅そばはどんどん閉店が進んでいます。時代とはいえ、見慣れた風景がなくなるのは寂しいものです。

幸せはソバにある――時代が変わっても長く愛されるものの本質は変わらない

第6章 ❖ 幸せはいつもあなたの「そば」にある

81 ❖ 天職のそば屋になったのは「8割の偶然」

「天職」というとドラマチックなことを連想しますが、私がそば屋になろうと思ったきっかけは、たまたま本屋でそば屋の特集本を読んだことでした。

〈偶然に手にした一冊の本〉

運送会社で働いていたとき、会社の方針が自分に合わず、辞めるかどうしようか、悩んでいた時期がありました。

そして自分に合った仕事をしたいと考えたとき、何か形に残せる職人はどうだろうと思ったんです。

陶芸やガラス細工など、いろいろ試行錯誤する日々が続く中、たまたま本屋さんで、そばの巨匠のような、手打ちそばの名店の店主たちが5、6人載っている本を手に取りました。

そのとき「そう言えば、自分は小さいころ、そばが好きだったな」と思い出して、本に載っているそば屋の食べ歩きを始めました。

〈運命的な出会い〉

食べ歩きをしているうちに、今まで食べたことのないそばと出会いました。保谷（現・西東京市）のおそば屋さんで、こんなところに人が来るのだろうかと思うような不便な場所にある店でしたが、開店前から行列ができているんです。

そこの店では、農家から玄そばを買い取り石臼で挽いていました。だから製粉会社から買う、挽いてから時間が経っているそば粉とは、香りがまったく違っていました。

私は運送会社にいたときから、お客様に喜んでもらうことが好きでした。**それで、並んでいる人たちを見ながら「こんなに人気があるお店を自分でつくれたら面白いな」と思いました。**そこからですね、私がそば屋になろうと思ったのは。

アメリカの大学の先生が**「天職に就くきっかけのうち、8割は偶然」**ということを言っているそうです。確かに私がそば屋になったのも、たまたま本を見た、そしてたまたま人気のあるそば屋さんに行ったという、偶然の重なりかもしれません。

幸せはソバにある——運命は偶然の出会いから始まる

82 ❖ 人生は「打ち込む」ことで好転する

そば屋になろうと思ってから、3年間は修行の時代。でもその修行は、自分が想像していたものとはだいぶ違いました。

〈修行なのに何も教えてもらえない?〉

そば屋になろうと決めた私は、八王子にある名店「手打ちそば・車家」で修行をさせてもらうことにしました。そこには3年間いたんですが、私は料理経験がないのでわからないことが多かったにもかかわらず、日々忙しいお店だったためか、そば打ちや料理をきちんと教えられたことはなかったように思います。

店に入って、初めの仕事は洗い物です。洗い物といっても、するべきことは大量にあります。お店には70席くらいあり、そこからの洗い物が集中します。食洗器を使いたくても、一客10万円もする器もあるので、手洗いしかできません。

やがて後輩が来たので、これで洗い場を卒業して料理をつくれると思っていたら、それも叶わず。料理はつくれず、そばも打たせてもらえずで、これで修行になっているのかと複雑でした。

〈3年目にわかった師匠の真意〉

仕方がないので、和食のファミリーレストランへ行って、「天ぷらを教えてください」と、車家の修行以外にもアルバイトを始めました。

そして修行も終わりが近づいたある日、師匠に言われたのが「今年の7月で3年だから、物件を探しなさい」ということでした。

驚きました。そばや料理のことは、何も教えてもらっていないんですから。すると師匠はこう言いました。「そばを打ったり、料理をつくったりというのは、毎日やっていれば技術は上がっていく。**大事なのはそんなことではなく、3年間、私の元で耐えたことだ。その忍耐力があればなんでもできる**」。

確かに、商売を始めると嫌なことがいっぱいあります。修行をのころには、そんなことには頭が回っていませんでしたが、今では師匠の言葉の意味がよくわかります。

幸せはソバにある——修行の意味は表面的なところにはない

83 ❖ 開店の日、師匠の恩を痛感

自分の店の開店の日、実は私は出汁巻きも巻けなければ、天ぷらも揚げられませんでした。師匠たちが手伝ってくれたのでスタートできたのです。

〈師匠がいたから今の自分がある〉

いよいよ自分の店を開けた日のこと。朝から師匠や先輩たちが来て、いろいろな準備を助けてくれました。これは言葉にできないほど、嬉しかったですね。

師匠から「もう力はつけたから、もうあとは日々努力して頑張るだけだね」と言われ、そばがきはこうやってつくるんだと教えてくれました。どうせなら、店を開く前ではなくて修行時代に料理を教えてもらえればよかったのにと思いましたが、今となっては笑い話です。

自分で店をやっていくために本当に必要なことは、あの修行があったからこそ身についたものだし、当たり前のことですが、師匠がいてくれたからこそ、今の自分があるんです。

〈うまくなるまで待ってはいられない〉

そして自分の店をやりながら、実際に料理もうまくなっていきました。私は接客も大好きなので、多少失敗した料理でも「これ失敗だから、お金いらないから食べて」とお客様にお出しして喜ばれたこともあります。

そば屋を始めてから、毎年、自分に降りかかってくる課題は変わります。同じ課題が来ることはまずありません。今年はクリアしたので、来年は平坦な道、何もないような年が来るかな、なんて思いながらも、やっぱり何か違うことが起きます。

店を始めてから料理を覚えていったように、あらかじめ考えて準備をしておくというよりは、**私には何かが降りかかってきたら、その時そのときで解決しながら進んでいく方が合っているようです。**

動きながら考え、たくさんの人の話を聞いて課題を解決していくのが、私のやり方なのです。

幸せはソバにある――準備が整うのを待つことなく、動きながら解決する

84 ❖ なぜ、わが家族はそば屋で働いているのか？

家族経営ではありませんが、子どもたちはみんな店で働いた経験があります。私は育児にあまり関わらなかったので、仕事を教える中で子育てをした気がします。

〈子どもたちに助けてもらいながら店を営業〉

私の子どもたちは「石はら」で働いています。あまりの忙しさに自分一人では店を回せなくなったとき、子どもに手伝いを頼んでみたら、3人のうち2人、息子と娘が乗ってきてくれたんです。

私が先頭を切って店に出ていて、忙しいときには自分のことよりもお客様を優先して休憩時間などは取らず、ずっと働きます。そうしたら、息子も娘も同じように「休憩なんていらないよ」と働いてくれます。「親父がやってるんだから」と言うんですが、これはやっぱり〝血〟なんでしょうか。

「親の背中を見て子は育つ」と言いますが、そういうところを真似しようとしているのかなと驚きつつ、ありがたいなと思います。

〔子どもたちの個性を生かしたい〕

家族経営が良いかどうかはわかりませんが、22年もそば屋をやっているので、子どもたちは自然と自分たちが店を継ぐものだと考えているかもしれません。

長女は、接客に気持ちがこもっているのか、お客さんによくほめられていますね。仕事も段取りがいい。

社長向きなようにも思いますが、さすがにまだ若いので人を使ったり、指導したりとかいうのはなかなか難しいと思っています。30代半ばくらいになってそういうことも出来るようになれば、楽しみですね。

ちなみに今の長男の奥さんは、もともと「石はら」でバイトをしていた女性です。それで出会って長男と結婚したんですよ。

いろいろ考えると、私にとってそば屋というのは、単なる仕事以上のものであり、家族の絆になっているんです。本当に〝天が与えてくれたもの〟だと思います。

幸せはソバにある――与えられた環境に感謝する

85 ❖ 修行先で知った「そばのうまさは水で決まる」

味のない水が、そばの味を決めるというのは面白いと思います。どんな水を使うかで、そばの味は驚くほど変わります。

〈井戸水で打つそばのうまさ〉

八王子の修行先の車家さんでは、井戸水を使っていました。雨を通して土のミネラルが溶け込んでいるのか、やっぱりおいしいんですよ。

自分で店を持つようになって困ったのは水でした。水道水でそばをこねるとおいしくないのです。実家も昔は井戸水だったので、その味で育ったせいか、私は水のおいしさには敏感なのかもしれません。

店を始めてから、いろいろな水を取り寄せてみましたが、良い水がありません。するとと、取引のあるカツオ節屋さんが屋久島の水がいいというので使ってみました。出汁屋さんだけあって、水の良し悪しに詳しいんです。実際、その水を使ったそばはおいしくなりました。でも、値段が合わないいんです。この値段の水で練ったりゆでたりしたら、ものすごく高い値段のそばになってしまいます。

そこでそば粉を練るときだけ使ったんですが、やはり、ほしい味が出ない。だからゆでるときにも使いたかったんですが、コストの問題でそれは厳しい。どうしようかと思っていたときに出会ったのが、今使っている浄水器です。

〈水をうまく使い分ける〉

これは非常に強力な浄水器で、水からすべてのミネラルを抜くほどの性能があります。ただ完全にミネラル分がないので、そばを練るために使うと、どこか味が物足りない。そこで試行錯誤の末たどり着いたのが、浄水器の水をそばをゆでるときに使ってみてはどうだろうかということです。

実際に試してみたらトータルのバランスがとても良くなったので、今は、ゆでる水に浄水器の水を使っています。

そばの味は、水で決まります。だから絶対に手を抜けないんです。

幸せはソバにある――大切なものにはとことんこだわる

86 ❖ お客様に愛されて運送会社で売り上げ全国1位と言われた

もしそば屋以外に私に天職があるのだとすれば、それは、人を喜ばせることかもしれません。

〔商売を通じてお客様に喜んでもらいたい〕

私が運送会社に入社したとき、配属された支店の売り上げが非常に悪い時期でした。そのためか、会社の雰囲気もなかなか難しいものがあったんですが、私はそういったことには影響されることなく、お客様のために、誠心誠意、しっかり仕事をしました。

すると、縁が切れてしまっていたお客様が戻ってきてくれたり、あるいは、誰が行ってもなかなか話を聞いてもらえなかったお客様と新たに契約できたりして、支店の売り上げが伸び、営業成績は全国1位。自分自身の収入も相当な金額になりました。

でも、正直、**お金がどうこうというより、お客様と話をして、笑顔になってもらうのが好きだったんですよね。**「あいつは冗談も言うけど、仕事は真剣にやる」という姿勢が、お客様に気に入られたのかもしれません。

自分でも接客業が向いている、天性的なものを持っているとは思っています。

〈人を喜ばせることができるようになるためには〉

かつての修行先の先輩に、私と違って、和食をきちんと習った板前の経験があり、料理もひと通りこなせる方がいました。その方が独立して自分の店を出すというので、手伝いに行ったこともあります。

ところがその方は、精神的に脆いところがあったのかもしれません。店をつくったのはいいのですが、いろいろと自分の思うようにいかないことがあったり、つらいことがあったんでしょうか、今で言う〝心が病んだ〟ようになったそうなんです。

お気の毒ですが、人には向き不向きがあるんだなと思いました。

私はお客様としゃべっているときが楽しくて、確かにいろいろな嫌なことや大変な**こともありますが、これは自分の心を強くする材料だと思って楽しんでいます。**

人に喜んでもらうには、強い心が必要なんだと思います。

幸せはソバにある――強い心がお客様を喜ばせることができる

87 ❖「おいしい」が笑顔をつくる

そば打ちに関して、私は師匠の言葉を守っています。ごはんのように、毎日食べられ、飽きないそばが目標です。

〔際立つ味のそばを毎日食べたくなるか？〕

日本全国のそば屋さんを食べて回ったことがあります。それぞれのお店で香りも味も違い、いろいろなそばがあります。完璧に完成しているとしか言いようのないそばも食べました。しかし私が手本とするのは、師匠から言われたそばです。

師匠には「都心でそば屋をやるなら、際立つそばはだめだ。胃がもたれるだけなんだ」と言われました。確かに、毎日フレンチやステーキを食べられるかと言ったら、それは無理ですよね。でも、ご飯は毎日食べられます。そういうそばをつくりなさいと言われたのです。

そばもごはんも、水とそば、水と米でできています。ご飯だけ食べてもおいしいというご飯があるように、そばだけを食べてもおいしいというそばならば、お客さんも毎日来てくれるということが、師匠の言いたかったことなのです。

〔味を変えないことが商売の秘訣〕

　高価な玄そばを手挽きで挽いたそばは、確かに風味は格別でしょう。でもそういうそばは、たまに食べるからいいんです。毎日食べられるものは、お米と同じように、普通においしく食べられて、しかも体にもいいものです。それを目標に、毎日そばをお出ししています。

　味を変えないために、そば粉はブレンドして、その時々で調整できるようにしています。中でも一番重要なことは、そばの実やそば粉の管理です。そばは気温が20度を超えるとどんどん劣化します。「石はら」では、そのために最新の冷凍機を使っています。急速に冷凍するので、そばが劣化しないし、そばの風味がまったく落ちません。

　そういう投資を惜しまずにやってきたから、毎日のように来てくださるお客様もいるのだと思います。

幸せはソバにある——高級なものより飽きないものをつくるのが長続きの秘訣

88 ❖ 新たなステージへ挑戦を続ける

運送会社の社員からそば屋へ、そしてさらに多くの人に笑顔になってもらえるよう、私はその時々で自分ができることを精一杯やっています。

〈“すごい人たち”の言葉で成長してきた〉

私のそば屋の師匠は車家さんですが、それ以外にも、私はすごいなと思った方々の真似をしたり、教えを受けて、それを引き継いだりしてきました。

そのような人たちの考え方を学んで吸収していきながら、自分自身も成長してきたという実感があります。

そして、紆余曲折はあったものの、結果的に自分が良い道を歩めているのは、そのような教えを与えてくれた方たちのおかげだと思っています。

そこで感じたのが、今度は自分が恩返しをする番ではないかということです。

今、何かで困っている人たちの力になったり、世の中の人たちが問題だと思っていることを解決するための手助けをする。

そのようなことを通じて、今まで自分が受けてきた恩を、より多くの人に返したいと思ったのです。

〔そば屋が政治の舞台へ躍り出る!〕

ある人に、そんな考えを話したら、「その思いをかなえたいのなら、議員になるのがいいですよ」と言われました。そして、なるほど政治家かと思い、別の方にも相談したところ「そば屋が政治家になるとは夢のある話。応援しますよ」と言われました。

そば屋は地味で、若い人たちが新しく入って来ません。もし私が前に出て、世間から注目されれば、そば業界にも役立てるんじゃないかと思っています。

私は食の商売を22年やってきて、食べ物で自分の体調がよくなったという実感があります。それを子どもたちに伝えて、みんなが健康で笑顔になってくれればいいと考えています。そしてそば屋さんになりたいという子どもが出てきたら、最高にうれしいですね。

幸せはソバにある――自分の受けた恩は、次の世代にそのまま返す

あとがき

そば屋を始めてから、悲喜こもごも、いろいろなことがありました。
そばにたとえれば、まさに人生は、もんで伸ばして切っての繰り返し。
毎日毎日、そば粉をこねて伸ばして切っているうちに、人生は進んでいきました。

やんちゃだった自分でも、目の前のことから逃げずに頑張ったら、いつの間にかたくさんの人に喜んでもらえるそば屋になっていました。

そば打ちで面白いのは、そばのコンディションが日によって違うことです。機械を使ってこねても、水加減や粉の調子は日によって変わります。
粉が変われば、また扱いも変わります。少しでもうまいそばにしようと考えながらその日その日のそばを打つのは、なかなか大変なものです。

それでも目の前のことにちゃんと向き合って、面倒でも大変でもきちんとやるべきことをやり続け、毎日の生活を自分で管理し、そして自分のことを理解すること。それが、そば屋をやりながら私の身についた処世術かもしれません。

そばは、なじみのあるそば切りをはじめ、そばがきになったり粥になったりと形を変えたり、熱くなったり冷たくなったりと温度も変わり、何かと忙しい食べ物です。そばは、そば粉と水でできた、これ以上ない、シンプルな食べ物です。シンプルであればあるほど奥深い。少しの変化も逃さずによく見て扱わないと、違うものができてしまいます。

私がそば屋になって知ったのは、変わらないことの難しさと大切さです。

私はそばを、人生と同じように感じています。時代に合わせて変えるべきことは変え、変えるべきではないことは変えない。そんなふうに、これからも、大切なそばを打っていきます。

最後になりますが、この本ができたのは、「石はら」を気に入って足を運んでくださるお客様、そしていつも私を支えてくれるお店のスタッフ、家族のおかげです。
心からのお礼とともに、筆を置かせてもらいます。

2023年2月吉日
石原せいじ

〔著者プロフィール〕

石原 せいじ（いしはら・せいじ）

1966年2月1日、東京都世田谷生まれ。
株式会社石はら代表取締役。

高校卒業後、相鉄配送（株）に入社するも2年で退社し、佐川急便に転職。担当地区で顧客の信頼が厚く、また一度途絶えていた取引を再開させるなどコミュニケーション能力の高さを発揮し、トップセールスドライバーとなる。

配送の仕事を続ける中で、そば職人への憧れが目覚め、佐川急便を退社。30歳にして、八王子の名店「車家」で修行を始め、そば屋経営の真髄を学ぶ。3年間の修行を経て、2000年11月、地元世田谷にて「掌庵　蕎麦石はら」を開業。そば屋の店主として、新たな人生がスタートする。

その後、和モダンな雰囲気の店舗、イタリアン業態の店舗など、従来のそばの枠にとらわれないチャレンジを続け、現在、そば屋やそば会席など5店舗のオーナー。いずれの店舗も、広く地域住民に愛される人気店である。

平成出版 について

本書を発行した平成出版は、基本的な出版ポリシーとして、自分の主張を知ってもらいたい人々、世の中の新しい動きに注目する人々、起業家や新ジャンルに挑戦する経営者、専門家、クリエイターの皆さまの味方でありたいと願っています。

代表・須田早は、あらゆる出版に関する職務（編集、営業、広告、総務、財務、印刷管理、経営、ライター、フリー編集者、カメラマン、プロデューサーなど）を 経験してきました。そして、従来の出版の殻を打ち破ることが、未来の日本の繁栄 につながると信じています。

志のある人を、広く世の中に知らしめるように、商業出版として新しい出版方式を実践しつつ「読者が求める本」を提供していきます。出版について、知りたい事やわからない事がありましたら、お気軽にメールをお寄せください。


book@syuppan.jp 平成出版 編集部一同

心を打つ感動ストーリー 88
ISBN978-4-908127-17-5 C0036
一日一杯、幸せになるかけそば

令和 5 年（2023）3 月 19 日 第 1 刷発行

著　者　石原 せいじ（いしはら・せいじ）

発行人　須 田 早

発　行　**平成出版** 株式会社
〒 104-0061 東京都中央区銀座 7 丁目 13 番 5 号
ＮＲＥＧ銀座ビル 1 階
経営サポート部／東京都港区赤坂 8 丁目
TEL 03-3408-8300　FAX 03-3746-1588
平成出版ホームページ https://syuppan.jp
メール : book@syuppan.jp

発　売　日販アイ・ピー・エス株式会社
〒 113-0034　東京都文京区湯島 1-3-4
TEL 03-5802-1859 FAX 03-5802-1891

企画・編集／安田京祐、大井恵次
企画・執筆協力／川口友万、滝口雅志
写真提供協力／㈱ 石はら、Photo AC
本文イラスト／かもめとデザイン、イラスト AC
制作協力・本文 DTP ／ P デザイン・オフィス
印刷／㈱ ウイル・コーポレーション